www.ingramcontent.com/pod-product-compliance
Lightning Source LLC
Chambersburg PA
CBHW020921090426
42736CB00008B/737
* 9 7 8 0 6 9 2 3 6 4 6 5 9 *

Falah Al-Shabender and I
A Follow up Dialogue

Texts, Comments, Responses and Questions

أنا وفلاح الشابندر

متابعة حوارية
نصوص وتعليقات
وردود
وسوالات

أ. د. إنعام الهاشمي
(حرير وذهب)

Falah Al-Shabender and I
A Follow up Dialogue

Inaam Al-Hashimi

Texts, Comments, Responses and Questions

3

حقوق النشر والترجمة محفوظة 2013© إنعام الهاشمي – الولايات المتحدة

الكتاب: أنا وفلاح الشابندر: متابعة حوارية
نصوص وتعليقات وردود وسؤالات
المؤلف: أ. د. إنعام الهاشمي
الطبعة: الثانية 2015 – أسود وأبيض
الغلاف / تصميم المؤلف
نشر وطبع في الولايات المتحدة الأمريكية
Published in the USA

Inaam Al-Hashimi

Second Edition
ISBN-13: 978-0692364659 (Inaam\Al-Hashimi)
ISBN-10: 069236465X

Author: Inaam Al-Hashimi
Title: Falah Al-Shabender and I:
A Follow up Dialogue: Text, Comments, Responses and Questions
Second edition – Black and White

إهداء

إلى

المغرِّدين

خارج السِرب

والسائِرين

على سطر التوحُّد

والتفرُّد

....

حرير و ذهب (إنعام)

الولايات المتحدة

مقدمة

لعل القارئ يتساءل عن المقصود بالمتابعة الحوارية، والجواب أنها فكرة خطرت لي وربما هي ابتكار في أسلوب الحوار وابتكار في أسلوب القراءة للنصوص الأدبية والنقد ... والابتكار ما كان هدفي في هذه التجربة قدرما كانت هذه ناتجاً تلقائياً للطريقة التي اقرأ بها لكاتب معين واهتماماتي بتحليل النصوص ومتابعة ما يأتي حولها من قراءات وتعليقات، وفي كل هذا كثيراً ما تتولد لدي أسئلة وكثيراً ما تبقى هذه الأسئلة مطلقة في الجو أو حبيسة الفكر تدور فيه دون أجوبة، بل ودون حتى محاولة طلب الأجوبة .. الناقد حين يسجل قراءته أو نقده إنما يكون في معزل وعزلة تامة عن الكاتب وبظنه أنه قد سيطر على المحتوى واحتواه بفكره وبتحليله إنما يتملكه الغرور مصدقاً انه المالك الحقيقي.. ويخطأ حين يظن أنه قد امتلك السيطرة على السؤال والجواب مؤمناً بفكرة موت المؤلف حسب نظرية رولان بارث. في حين ان النظرة الكلاسيكية تعطي الملكية كلها لكاتب النص الأصلي ولا تعطي مجالاً للفصل بين شخصية الكاتب ونصه بل تعتبرها جزءاً مكملاً وأساسياً لتحليل النص . وهنا اخترت أن أخطو خطو ة أمسك فيها بيد الشاعر أو هو يمسك بيدي ونسير معاً في طريق فهم نهجه ذلك بإشراكه في عملية القراءة دون تجاوز الأدوار خلال رحلة الاستكشاف حين أطلق أسئلتي التي هي وليدة القراءات نحو الكاتب فيأتي الحوار مكملاً ومرتبطاً بالنص والتعليقات والقراءات والمشتركات بينها في رسم سمات أسلوب الكاتب في حوارية نقدية. الشاعر فلاح الشابندر كان أولى محطاتي في هذا المشوار.

بداية المشوار

بدأت رحلتي مع فلاح الشابندر يوم أن ترجمت له نصاً شعرياً لفت نظري وكان بعنوان "سماء من ماء"[1] ونشرت الترجمة في موقع المثقف وفي موقع النور ؛ في مقدمتي عن النص قلت:

(ماجذب انتباهي إلى هذا النص الرمزية الأسطورية فيه، ففلاح الشابندر كما لاحظتُ بدأ في هذا النص سلسلةً من الفهارس؛ من فهرس الطير إلى "فهرس الشاعر" في نص أخر يحمل هذا العنوان، وكأن الفهارس هي ملحمة أسطورية بين الطير والبحر..)

ومن عادتي أنَّ من أترجم له نصاً أعود وأترجم له نصاً مغايراً في المحتوى والأسلوب كي أعطي القارئ فكرة أوضح عن الشاعر ... في ترجمتي للشابندر وجدت التغاير في نصوصه يدعوني لترجمة أكثر من نص أو نصين ، فعدت للترجمة له مجدداً في نص "إمرأة من ندى" ونشرت ترجمتي في موقع المثقف وموقع النور ... في هذا النص المغاير جداً لما سبقه قلت: [2]

(عُرِفَت قصائِدُ الشاعرِ فلاح الشابندر بالرمزيَّةِ العاليةِ التي يصعبُ فكُّ رموزِها على الكثيرِ من القرّاء، وما جذبني إلى ترجمةِ أوَّل قصيدةٍ ترجمتُها له والتي كانت بعنوان "سماء من ماء" رمزيَّتها الأسطوريّة التي ترتبطُ بنصوصٍ أخرى على نفسِ المِنوال ... وترجمةُ مثلِ هذه القصائدِ تضعُ المترجِمَ في امتحانٍ عسيرٍ في

المفاضلةِ بين الدِقَّةِ في نقلِ معانِي القصيدة وبينَ الانسيابيَّةِ في إيقاعِ الكلماتِ الانجليزيَّة والجملِ المرتبطةِ بها.

القصيدةُ هذه "امرأة من ندى"، اصطَدتُها حينَ نُشرت في "النور" وترجمتُها آنذاك، ثم رأيتُها مجدَّداً في ديوانِه "فحم وطباشير"... وهي تختلفُ كليّاً في موضوعِها وأسلوبها عن كتاباتِ فلاح الشابندر الأخرى، فرغمَ أنَّها لا تخلو من الرمزيَّةِ والاستعاراتِ المبهمةِ إلاّ أنَّها تحتوي على الكثيرِ من الوضوحِ في الكثيرِ من مقاطِعِها، كما أنَّها تختلِفُ في الموضوعِ عمّا عداها من قصائدهِ في وجدانِيَّتها والمشاعرِ التي أطلقَ لها الشاعرُ العنانَ بين حروفِها؛ وكما يشي العنوانُ به منذُ البداية فهي تتحدَّثُ عن علاقةٍ معيَّنَةٍ بامرأة ... ففي حين أنَّ قصائدَهُ الأخرى تنطوي على وَجَعٍ يخصُّ الوطنَ أو الإنسانيةَ بصورَةٍ عامَةٍ أو فلسفةٍ مُضمَرة، نجدهُ في هذهِ يغرَقُ في العاطِفةِ الحسيَّةِ من أولِ افتِتاحِها ثمَّ يتصاعَدُ بها حتى النهاية. في القصيدةِ من حرارةِ المشاعِرِ ما يوحِي بصدقِ التجربةِ، والشاعرُ الماهرُ هو الذي يجعلُ قارئهُ يتعايَشُ مع القصيدةِ ويصدِّقُ وقائِعَها كحقيقَةٍ وإن كانت محضَ خيال...)

أ. د. إنعام الهاشمي
أنا وفلاح الشابندر – متابعة حوارية : الطبعة الثانية

و هنا أضع أول اسئلتي للشاعر الشابندر لتتبعه بعد ذلك أسئلة أخرى
تتعلق بنصوص أخرى له وقراءات لها وتعليقات عليها.

سؤال 1- أ. د. إنعام الهاشمي:

نص "سماء من ماء" أجده مرتبطاً بالنص الآخر المعنون "فهرس
الشاعر" ارتباطاً وثيقاً حتى يخيل الي ان الفهرسين هما فهرس
واحد انقسم نصفين بعنوانين ... والنص هذا يوحي بأن الطائر له
ارتباط وثيق بالشاعر، بل ربما هو الشاعر، وإلا كيف يكون بذاره
الكلمات؟

فمن هو، أو ما هو، هذا الطائر الذي يحوم فوق رؤوسهم...؟ أهو الشعر؟ أهو رمز الشاعر؟ أو ربما هو الناقد أو القارئ؟ أهو القدر؟ الحتف؟ المجهول؟

ولماذا يحاول الشاعر "المتحدث في النص" اصطياده أو استدراجه ويتمنى لو كانت لديه بذارة؟

جواب 1 ـ الشاعر فلاح الشابندر:

الشاعر والطائر كلاهما يعشق الحرية... الطائر يعشقها بغريزته والشاعر بعاطفته وبالتالى يتفقان فى نقطة جوهرية هى الأثمن فيما فى الوجود وأقصد بذالك الحرية سواء كان هذا اللقاء عن وعي أو بدون وعي والمهم هى النتيجة.

سؤال 2- أ. د. إنعام الهاشمي:

كلما قرأت نصك "سماء من ماء" أخذني دون وعي إلى "المركب السكران" لرامبو وبالأخص في هذا المقطع رغم الاختلاف:

(ويزفر الزبد
أوراق فكر مهان
يكركر الموج .... نتقهقر .... نتأرجح انحيازا
يدور حوله .... حوله يدور (المركب السكران)
نتقهقر .. ظهرانينا التقيا .... التصقا
صلب ينتظر صلبا
(نكون أو لانكون) .... تلك هي القهقهة !
ياملكوت البحر إنا تراب

وتأخر الطير
يلتقطنا غبار)

والسؤال: كم تأثرت برامبو قبل كتابة هذا النص؟ وهل أستطيع أن أقول أنك حين كتابة النص كان العراق هو مركبك السكران؟

جواب 2 – الشاعر فلاح الشابندر:

لو لم أكن أتاثر برامبو سأكون حجراً، وكيف وانا أقرأه إنسانا يعيش هموم الوجود والحياة؟

رامبو........ رسب في أعماقه وما ينبت فى الأعماق عن وعي وإدراك يؤسس لأعماق أكثر.

أما جوابي على الشق الثاني من السؤال وإن كان هذا هو مركبي السكران فأقول: بالضبط... فالمركب السكران لا يعني مادية المركب على قلق الموج. فلكل منا مركبه، ومركبي هو مجموعة قلق.

سؤال 3- أ. د. إنعام الهاشمي:

تساؤلي هذا ورد في مقدمتي لترجمة نص "امرأة من ندى" كما في المقتطف أدناه والآن أوجهه لك .

(بعضُ الشعراءِ يدسونَ أسماءَ في قصائِدهم، وأحياناً دونَ مناسبةٍ ودون توافقٍ مع مجرى القصيدةِ وثيمتها، بغرضِ الإيحاءِ أنَّها كُتِبَت لشخصٍ معيَّنٍ أو بقصدِ التقرُّبِ لإنسانٍ معيَّنٍ، فهل فعلَ الشاعرُ فلاح الشابندر هذا؟ وهل "ندى " هو اسمٌ لامرأة أم وصفٌ؟ هل تحكي القصيدةُ تجربةً صادِقة؟ أم أنَّه بمهارةِ الشاعِرِ أرسلَنا في

طريقِ تصديقِه؟ في كلِّ الأحوالِ أقولُ أنَّ حرارةَ المشاعِرِ وتدفُّقَها توحيان بذلك إضافة إلى خلوِّ القصيدة من التصنُّعِ الكلامي المحشورِ حشراً لبهرجةِ القصيدة، وأنا أوشكتُ أن أصدِّق وجودَ هذه المرأةِ "الندى" التي فجَّرت الماءَ من عينِ الصخرةِ بقوَّةِ التوَدُّ في قلبِ الشاعر!)

والسؤال: كم من الحقيقة في هذا النص وكم من الخيال؟ وإن ادّعيت الخيال سأقول لك كيف لك أن تصور هذه المرأة كما صوّرتها بدفق المشاعر وكأنها ستنطلق من بين الحروف كما الماء من "توتر جوف الصخرة الصلبة"، استعارة من تعبير لك ورد في النص؟!

جواب 3 – الشاعر فلاح الشابندر:

ندى هى المرأة وليس مرآة ... ولذلك أدعى أنها تجسيد للأنوثة المقدسة... تجد ذاتها مفاهيمياً وليس تجسيداً.

أ. د. إنعام الهاشمي
أنا وفلاح الشابندر – متابعة حوارية : الطبعة الثانية

الترميز سمة حرف فلاح الشابندر

وأعود للترميز والغموض في نصوص الشابندر وذلك ما ذكرته في البداية هنا بالإشارة إلى أن هذا هو ما جذبني إلى نصوصه بدءاً والذي أغراني بإطلاق لقب "شاعر الرمز وعرابه " عليه ... ولست أول من وصف نصوصه بالرمزية العالية ولست بآخرهم ولن أكون، ولا أظنه سيحاول أن يغير من أسلوبه إرضاءً لغير ما يوحيه له قلمه وفكره. وسأتطرق أدناه إلى بعض ما قيل عنه في هذا الخصوص ثم توجيه أسئلتي له في محاولة لإشراكه في النقاش حول ما يدور في أذهان قرائه وناقديه والباحثين في نصوصه والمعلقين عليها سلباً أو إيجاباً.

• في قراءة عن ديوانه "فحم وطباشير" كتب الأديب صباح محسن جاسم عن فلاح الشابندر قائلاً:

(واذ يختزل دائرة الكون بفحم الواقع وطباشير فجر قادم انما يسعى عبر تهويمات تفيض بتوصيفات تضاد داخلي يتهشم على ضفافه البناء اللغوي فيغدو مرتبكا ساعة وأخرى منسجما مع تقابل تساؤلاته وتقاطعاتها من على لسان بوحه وهذيانه بنهج مناجاة عبر رمزية فاقعة الألوان.)[3]

ثم يضيف:

(في سؤال شخصي عن الكيفية التي يكتب فيها نصوصه، أجاب: " بصراحه أكثر ما اكتب بعضه لا افهمه وربما لا يفهمنى لان علة المرض لا يعرف بها الا ما يوجع منها لكن الاسباب تبقى بحاجة إلى الأستكشاف"

هذا الرجل ينوي أن يضيعنا في غيهب اليم ويعود بالقارب من دوننا!)

سؤال 4 ـ أ. د. إنعام الهاشمي:

تجاوزاً على ما جاء أعلاه من تفسير للكيفية التي تكتب بها نصوصك، ماذا تقول لصباح وللقراء رداً على وصف الإرتباك في بعض مواقع البناء اللغوي في شعرك؟

جواب 4 – الشاعر فلاح الشابندر:

لأنى أتشرط جوهر الشعر وروح الفكره فأغيب عن الوعى خارج هذه الدائره.. لا أسمع صوتا ولا أرى شيئاً ولعلى أعيش بلا أنفاس ولا أعلم بذالك، فهل بعد هذا يمكننى أن أتحرر من الإرتباك؟

- وفي مقاله المعنون "الشاعر العراقي فلاح الشابندر وديوانه (فحم ... وطباشير)" كتب الناقد أحمد فاضل في إشارة إلى نقطة تشابه بين تي أس أليوت والشابندر قائلاً:[4]

(وهذا بالضبط ما عليه شاعرنا الشابندر وبحكم تاثره بالشعر الحديث فقد قدم نفسه بصورة مغايرة جعلنا نتسائل الى أي فريق ينتمي؟ أهو يكتب الشعر من أجل الشعر أم يكتبه لغيره؟ حاولت هنا

أن أعيد ترتيب مشهده الشعري لأنني أمام شاعر صعب المراس فتذكرت والاس ستيفنز (1879 - 1955) الشاعر الأمريكي الذي اعتمد ثلاثة أمزجة في كتابته الشعر، النشوة، اللامبالاة، وما بينهما، حتى قالوا عنه أنه يشبه الرسام الألماني السويسري بول كلي في بوهيميته، بينما قال فريق آخر أنه يشبه الرسام الفرنسي بول سيزان في حبه للطبيعة، ما انعكس ذلك على شعره، الشابندر يمكن أن يكون خليط لكل الذين ذكرتهم لأنه ومن خلال قصائد ديوانه يؤمن بانتمائه لكل هذا العالم الذي يتغير في كل لحظة، فلم يعد شاعرنا ليقف على بقعة ما من هذا الكون لذا نراه يتنقل كسفينة يجوب بها الأصقاع يبحث عن اسئلة طالما أرقته، لماذا الوجود؟ ولماذا العدم؟ ولماذا أنا هنا؟ ولماذا أنتم هناك؟ قد يفقد الخيال حيويته عندما نكون غير واقعيين، الشابندر كسر هذه المعادلة في " فحم ... وطباشير")

سؤال 5 – أ. د. إنعام الهاشمي:

هل سترسو سفينة الشابندر على بر... وهل وجد أجوبة لبعض الأسئلة التي تؤرقه حسب تحليل الناقدأحمد فاضل؟

جواب 5 – الشاعر فلاح الشابندر:

سفينتي بلا شراع تتقاذفها الأمواج وعند ذاك هى رهينة القدر ... فلست راسيا ولا مبحراً وإنما أنا في سفرة عشوائية بلا هدى .. وبالتالى لا أدرى كيف تتلاعب بى الأقدار... فأنا عبدها وهى فارسي.

الإنسان وجود فعلي ووجود مواجهه للسؤال الكبير والمكثف بل ويتعلق بمصائر متعددة فلا يمكن أن نستنفذه ونفرغ منه . ساد السؤال على سوح المعرفة وأخصها بالأدب والفلسفة، وما الكون إلا سؤال ويضمر الإجابة.

• وفي تعليق له على مقالة الناقد احمد فاضل المشار إليها أعلاه، يقول فلاح الشابندر:

(وما انا الا تجربة وصدى التجربة

انا اكثر الناس خوفا من الشعر يرعبني الشعر واتحفظ ،

ولكن وفى غفلة منى افقد الحصانة لحواسى لترعى فى حقل الواقع

وربما يكون ملغوما فلا أسلم من الإصابة وألم الإصابة

أو ليس الألم منشأ للوعي؟

يعذرني الشعر سيدي فأنا لا أفهم أن للدمع أكاديمية وبحور القافية.

فى هكذا واقع انفجارى بات اليوم كل شيء انفجاري وفوضى دخان وغبار وتشويش .... وكل هذا ويعول عليك التاريخ كتابته .. ساعد الله الشعراء)

سؤال 6 - أ. د. إنعام الهاشمي:

تقول أنك التجربة وصدى التجربة ... وتقول أنك تخاف الشعر وتتحفظ منه .. فماذا تسمي ما تكتبه وهو الذي يحظى باهتمام متزايد رغم قلة من يستطيع فك رموزه والغور في صوره ومعانيه؟

جواب 6 – الشاعر فلاح الشابندر:

كل حدث هو تجربة، حتى اكتشاف المعادلة الباطنية تجربة، والشاعر مهما طوّف به الخيال إنما هو يمارس تجربة، تجربة الحياة مع آلامها وأفراحها.. وهنا تكمن مشكلة الإنسان، لأن كل تجربة تسلمه إلى تجربة أخرى حتى يموت . علما أن الموت ليس تجربة .

• وفي تعليق سريع رداً على من قال أن فلاح الشابندر "مخيف في شعره" ، يقول الأديب الباحث غالب الشابندر:

(فلاح مخيف لأنه يضعنا في مواجهة أنفسنا)

سؤال 7 - أ. د. إنعام الهاشمي:

ما هي الحقيقة التي يحاول فلاح الشابندر وضعها أمام القارئ ليجابه نفسه؟

وهل يهدف فلاح الشابندر إلى إحداث الرجّة لدى القارئ كما تفعل "الرجّة الكهربائية" في الطب لإعادة النبض للقلب الذي توقف؟

وهل هذا يعني أنَّ الشابندر لم يفقد الأمل في عودة النبض للقلوب التي ابتعدت عن الحقيقة؟ أليس في هذا دليل على وجود التفاؤل بين طيات قتامة بعض الصور في حروف فلاح الشابندر؟

جواب 7 – الشاعر فلاح الشابندر:

كلما أراجع نصوصى بالإنسان أحس بأنى أريد الرجوع بالإنسان إلى فطرته، ولعل هذا راجع إلى قراءاتي الكثيرة والمبكرة، وربما

بعض تجارب وأفكار من عبقرية علم التحليل النفسي .

وكما قلت في جواب سابق ، الإنسان وجود فعلي ووجود مواجهة للسؤال الكبير والمكثف بل ويتعلق بمصائر متعددة، فلا يمكن أن نستنفذه ونفرغ منه . ساد السؤال على سوح المعرفة وأخصها بالأدب والفلسفة: وما الكون إلا سؤال ويضمر الإجابة.

الشعر قضية أولها كشف الذات والإنصات، أي أكثر من الأنا الواحدة... الشعر في جماليته الصدمة والإغواء الصادم ...

القضاء على القهر بأنواعه مطلعه التفاؤل والتنحي عن السلبية.

• وفي تعليق له على نص "الشارد... خيط"[5] كتب الناقد أحمد فاضل مجدداً حول طبيعة ما يكتبه فلاح الشابندر ويقول:

(مع أنني أعجب كيف يتسنى للشابندر إخراج كل هذه الرمزية وهذا السحر من قمقمه، فإن ذلك العجب سرعان ما يغادرني في كل مرة التقيه فيها لأجده بسيطا متبسطا، ليس من لغز في كلامه ولا أحجية يمكن أن نعثر في نهايتها على سر كلماته .

" الشارد خيط " صورة أخرى لمعاناتنا معلقة بين الوهم والحقيقة، الوهم الذي نريده أن يصبح حقيقة، والحقيقة التي نريدها أن تصبح وهم !!)

• وفي الرد عليه يقول فلاح الشابندر:

(القصدية في الشعر تتحكم بثيمة النص ويكرر فعل القول الا هى القيصرية ...

وفى أحايين ياتى النص على مستويات من الذاكره فتمنح نفسها حضوراً للماضي فى الحاضر ولا يكون الشاعر واعيا بالضرورة واعيا للحدس المباغت يتجمع للتحرر ومضة سريعة الومضة الجمرة ومن منا لا يطلق الجمر ولكن بلا تشظى لئلا تضيع)

سؤال 8 ـ أ. د. إنعام الهاشمي:

أين تقف الحدود لدى فلاح الشابندر بين الوهم والحقيقة ... وكيف تقفز الذاكرة بينهما لديه ...

هل الذاكرة أو الذكرى هي الومضة الجمرة؟ أم هل هو المشهد الحاضر الذي يشعل الجمرة التي تومض في الذاكرة فتحرك الحرف؟

جواب 8 ـ الشاعر فلاح الشابندر:

الحقيقة تنبع من داخل الوهم.. عندما نضع فروضا لتفسير أى شيء مبهم إنما نبتدىء بأوهام وكثيرا ما يتحول أحد هذه الأوهام إلى حقيقة . بل لا حقيقة لاحقة بلا وهم سابق... وللعلم لا توجد حقيقة مطلقة وبا لتالي هى وهم فى أحد جوانبها على أقل تقدير .

الومضة بين الخلق والابداع ... الخلق ما لايسمى من قبل ولا من بعد، أما الإبداع فهو التوظيف وإسقاطها على المشهد. لا أعتقد أن الومضة تاتي من الذاكرة أو الذكرى عموما، وقلت هو الضغط على اللاوعي الذي تنفلت عنه الومضة. متحررة.

عود إلى الرمزية في نصوص فلاح الشابندر

الرمزية المركزة في نصوص الشابندر تضعه في صنف خاص من صنوف الحداثة التي تتحدى ذهن القارئ وقدراته على الفهم والتحليل وهذه المعضلة تظهر بوضوح عند الترجمة فلا يمكن للمترجم ان ينقل مالا يفهمه بشكل مفهوم لغوياً باللغة الأخرى... وقد تطرقت أكثر من مرة إلى موضوع المفاتيح في النصوص الغامضة أو الرمزية وهذا ما أبحث عنه دائماً في نصوص الشابندر وبها استطعت فكّ مغاليق الكثير من نصوصه التي يقف القارئ حائراً أمامها في الكثير من الأحيان .

فالرمزية تتدرج من الغموض المحبب والذي يتحدّى ذهن القارئ إلى المعميات والهذيانات التي لا يربط بين افكارها رابط بل هي لا تتجاوز كونها فذلكات لغوية البعض منها يصل حد منافاة الذائقة إلى قلب معدة القارئ .

فهل وصل الشاعر الشابندر إلى حدود المعميات؟

- الشاعر الحداثي فائز الحداد في قراءة لأحد نصوص فلاح الشابندر بعنوان "جدل أول" يشير إلى رمزيته بالقول: [6]

(فلاح في نصوصه يضع للرمز شأنا كبيرا في كل اشتغالاته الشعرية، وتشفيره الغامض أحيانا يجعل النص أشبه ما يكون بنظام الدوال الإشارية ويحتاج إلى قراءة منتجة عميقة وسابرة للرموز التي يبني بها جمله، وأحسبه كالصائغ الذكي الذي يعرف التعامل

أ. د. إنعام الهاشمي
أنا وفلاح الشابندر – متابعة حوارية : الطبعة الثانية

مع سبائكه الثمينة وأحجاره الكريمة دون تقليد .. قد يصعب على القاريء العادي فك مغاليق نصه في أول وهلة، ولكن ما أن يمسك بمفتاح فك شفره النص المركزية تسهل عليه معرفة بواطن أسراره كلها ..)

• وفي نفس المعنى يقول الأديب عبد الستار نور علي:

(القارىء لنصوص فلاح الشابندر يحتاج ان يستبطن اولا ثم يستقرىء ثانيا ثم يستبصر ثالثا حتى يصل الى ما ابتغى الشابندر من تحمله عناء رحلة الكتابه على عربة عقله وحسه ومشاعره ولغته الخاصه به وهذه عملية قراءية تقتضى وقتا وجهدا بصريا استبصاريا لا تتوفر لكل متلق الا الذى خبر القراءه والابداع والكتابه لزمن لا يستهان به واعتاد الصبر فى النظر فالرمز لا يعنى الغموض والالتفاف على مسلمات اللغه والتعبير الاساس ولا يعنى الاستهانه بمفردات البلاغه المنهجيه او تجاوزها وانما خلق ما يمكن ان نحسبه بحثا عن تفرد فى استخدام المنهج اللغوى لوضع لمسسسة خاصه وبصمة ذاتيه تخرج عن الماءلوف السائد الذى يؤدى فى الكثير الى الوقوع فى النمطيه الاسلوبيه التى هى فوتو كوبى عن الغير)

وكما يقول عبد الستار نور علي أن القارئ لنصوص فلاح الشابندر عليه أن يستبطن ويستقرئ ويستبصر..

وأنا أضيف ويتخيل ويضيف من عندياته ومن تجاربه للصورة، فعمق الصورة الناتجة يتأتى من عمق تجربة الرسام وعمق تجربة الناظر اليها.

سؤال 9 - أ. د. إنعام الهاشمي:

من هو القارئ الذي تطمح وتتطلع إلى اهتمامه بنصوصك؟ وما هي في نظرك نسبة هؤلاء إلى مجموع القراء في المجالات التي تنشر فيها؟

وهل تظن أن القارئ عموماً سيتجه للبحث عما يحتاج منه البصر والبصيرة والاستبطان والاستقراء أم انه يتجه نحو الممتع وسهل الهضم خاصة في عصر الإنترنيت وانتشار الوجبات السريعة والومضات الخاطفة؟

جواب 9 – الشاعر فلاح الشابندر:

أكتب وهدفي القارئْ الذى يعي نفسه، فالإنسان الذي لا يعي نفسه لا يعي غيره .

أما ما يتعلق بعدد القراءات فهذا أمر بطيّ الغيب .

وأما عن بحث القارئ عن الوجبة السريعة فأقول: وهل الوجبة السريعة من القدرة على ضم كل هذا الانفجار؟

هل نفتتح الحدث بكلمتين وندّعى بذلك وصفا كافيا لما يجري؟

الومضة الخاطفة هى الضغط على المتراكم من اللاوعي تنفلت متشظية وساخنة مع احتفاظها بالمعنى الصادم . وأقول أن الومضة هي من تفتح التأويل المضاعف. وحتى الوجبة السريعة لا تتم إلا

من مكوناتها الكثيرة ولكن باختزال.. أعتقد هى مدى قدرة الكاتب على التوصيف والسؤال .

هل على الكاتب أن يراعى كل القراأء؟ أعتقد هذا من الصعوبة بمكان ذلك للتباين الكبير بين القراء.

سؤال 10 - أ. د. إنعام الهاشمي:

كما يبدو فإن نصوصك تحظى باهتمام متزايد من قبل من يهتم بأكثر من تعليق عابر وتصفيق . هل ترى أن الشهرة قد وجدت طريقها إليك؟ وإن كان ذلك أو لم يكن فهل يمكن أن نعزو تزايد الاهتمام إلى أنك قد وضعتَ بصمتك الخاصة في النص الحديث؟ أم هل هو التحدي لفهم القارئ الذي يدفع الباحث إلى محاولة الغور في فهم الرمزية التي يغرق في لجتها النص والقارئ والباحث؟

جواب 10 – الشاعر فلاح الشابندر:

أولا أنا لا أبحث عن الشهرة لأني إنسان غائر فى لجة الألم، وإذا كان للشهرة حساب لدي فلتبحث هي عني .

أي شاعر فى الكون يترك بصماته على الآخرين حتى إذا كان شعره رديئاً، لأن كل إنسان هو مجموعة نصوص .

المسرحية في نصوص فلاح الشابندر

في متابعتي لنصوص الشاعر فلاح الشابندر أرى مشاهد ولوحات أحياناً قاتمة وأحياناً مضيئة وملونة ... أحياناً أرى الوجه المجعد يزداد تغضناً في زواياها وأحياناً أرى الطفل يقفز من بين سطورها ليستكشف ويدهَش ويُدهِش، ويحتار ويدور حول نفسه ويتكئ على جدران مائلة وحقول ضوء وحرثة وفزاعات خضرة تأكل الإرضة رؤوسها ... ولو أخذنا الصور واللوحات في نصوصه ووضعناها في متتالية للصور المتحركة لكانت خير مقدمة لمسلسل سينمائي متعدد المشاهد.

• الكاتب المسرحي محمد رشيد رأى بعين المخرج ما رأيت في نصوص الشابندر من خلال قراءته لديوانه المذكور "فحم وطباشير" من مشاهد سينمائية ويعبر عن ذلك بقوله:

(أجد في القصائد / النصوص الدلالات الواضحة والتي تقودنا إلى ما ننحاز له أكثر فأكثر، دون زينة أصطناعية، أذ أن الرمز أكثر وضوحاً من السرد، (عدنا للنقد السينمائي في وريقات هذه المجموعة الشعرية) فالنصوص الموجودة بين دفتي (فحم طباشير) أكثر عطاء من النثر المستخدم في مختلف الأصناف الأدبية (وهذي وجهة نظر قابلة للنقاش) أن صح التعبير أقول أن أسلوب النصوص يمتلك إيقاع خفي، ليست حكاية، أو قصة قصيرة، أنها لقطات

سينمائية تمتلك كل مقومات الحدث والزمن وديكورها المؤسس مع موسيقها الداخلية، فنصوص فحم وطباشير تطرق مابين اللقطة الشعرية الخاطفة، (كصعقة الكهرباء) ومكونات المشهد السينمائي بكل تفاصيله في (كوميديا المقهى 2) ترى عين الشاعر مشهداً سينمائيا شريكاً به.) [7]

سؤال 11 - أ. د. إنعام الهاشمي:

من خلال حديثي معك اكتشفت أنك مولع بالأفلام السينمائية ذات الحدث والعمق والمعنى ... كما أنك تحرص على مشاهدة الأفلام الغربية المتوفرة اليوم على أقراص مدمجة مما لم يكن متوفراً من قبل في دور السينما. هل نستطيع القول أن هوايتك هذه قد تركت أثرها في شعرك؟

جواب 11 – الشاعر فلاح الشابندر:

نعم كنت مشدودا للسينما بل من الرواد ومن هذا الولع كنت أمارس تبادل المواقع مع البطل، ولم أكن أعرف أنها التبادل بين الواقعي والمتخيل.

وأود اليوم لو أشاهد ما شاهته فى الأمس البعيد بعقلية اليوم وأخيلة اليوم وترى كم هى صعبة اليوم إذ تسلط ما شاهدته على واقع اليوم ... الإختلاف كبير جدا وذلك لا يخلو من تجربة . .

سؤال 12 - أ. د. إنعام الهاشمي:

هل تمنيت ان تكون ممثلاً؟

جواب 12 – الشاعر فلاح الشابندر:

حلمي كان هذا.

سؤال 13 - أ. د. إنعام الهاشمي:

وهل تقمصت أدواراً بينك وبين نفسك أو حينما كنت صغيراً؟

جواب 13 – الشاعر فلاح الشابندر:

كثيراً ومنها أدوار لمسرحية هاملت،

وكذلك مثل بيكت تمثيل ريتشارد بيرتن "حتى انت يا بروتس" كنت اتمكيج بالفحم

والبس عباءه سوداء واقوم بالدور .

سؤال 14 - أ. د. إنعام الهاشمي:

من جوابك السابق عرفنا السر وراء الفحم والطباشير .. وكذلك عرفنا أن ما ما يقف وراء المسرحة في نصوصك هو اهتماماتك المسرحية، وهذا واضح رغم أن النصوص لا تمثل نصوصاً مسرحية حسب التجنيس المألوف... فهل فكرت في كتابة نصوص مسرحية؟

جواب 14 – الشاعر فلاح الشابندر:

بصراحة أقول فيما مضى كنت أمنّي نفسي أن أكتب مسرحة ولم

أستطع. وحين كتبت الفهارس وجدت أن طريقتها ممسرحة، أعني القصدية بعمل مسرحة ولم أنجح يعنى تقنية المسرحة لا أعرفها.

فى فهرس الريح حوار قائم

فى سماء من ماء حوار قائم

مع أجواء ممسرحة ... البحر، الطير، السماء..

اما فى فهرس الريح تجدين حوارية ما بين الشاعر وسقّا الماء، حوارية ومباشرة.

ومع النشيد فى فهرس الريح وكورس افتراضى يقول:

ضمير الماء صبرا جميلا سقّا الماء

الماء من عين الله

وغيرها الكثير

سؤال 15 - أ. د. إنعام الهاشمي:

هل تشعر عند كتابة النص أنك في صدد كتابة سيناريو لفلم سينمائي؟

جواب 15 – الشاعر فلاح الشابندر:

بصدد كتابتي سيناريو يؤسفني أن أقول أني لا أملك أي معرفة بهذا المضمار.

سؤال 16 - أ. د. إنعام الهاشمي:

هل أستطيع القول أنّ نصوصك قد تأثرت إلى حدٍّ ما بأفلام هتشكوك؟

جواب 16 – الشاعر فلاح الشابندر:

نعم هتشكوك. .

سؤال 17- أ. د. إنعام الهاشمي:

أي من أفلام هتشكوك التالية ترك أثره في مخيلتك؟ وكيف كان ذلك؟

- الطيور تأتي
- الدوامة
- سايكو

جواب 17 – الشاعر فلاح الشابندر:

سايكو والممثل القدير أنتونى بركنز، والمحكمة لكافكا . لا أدرى ما الذي يشدنى لهذا الخط من الأفلام، إنى أختصها كثيراً ولا أدّعى أنني قد هضمتها فى سنوات المشاهد الأولى مع وعيي البسيط ولكنى أجد فيها سؤالاً كبيراً .

وأعود وأقول فى معرض الأسئله أن الأخ محمد رشيد وحقل السينما وما وجد فى نصوصي هى الجواب الشافي والدقيق مما عوّلت عليه في نصوص فحم وطباشير، وأخصها الفهارس الثلاث .

الريشة والألوان في نصوص فلاح الشابندر

في نص "منارة الحلم"[8] الذي حظي باهتمام أكثر من مهتم بنصوص الشابندر يتطرق الشابندر إلى صور وجدتها مبهرة تبرز فيها الألوان ولوحة الكانفاس والمرأة والحلم في مزيج أجاد خلطه بطريقته الخاصة والنص يقول:

(همَّ يدخل غرفته، يغلقها من الداخل
موعودٌ بما يسره على قيد الحلم
باقيةٌ .. مابقيَ الحلم
بيقين اللون واللحن .. يرسمها افتراضاً
امرأةً .. أثر امرأة
امرأةً ...
نعرف معا ..
فامعن النظر إليها
المنيعة بإغماضة ..
إغماضة ضمت الزنبق المائج عبر الشفيف ..
أرى الرائق يشتغل اخضراراً
موعودٌ بما يسرّه .. أن يلمس طرفا منها
وتشدّه ساعات طوال .. لئلا يسقط الظل
سقط الظل .. شكاً
شكاً رماديا يراق

أ. د. إنعام الهاشمي
أنا وفلاح الشابندر– متابعة حوارية:: الطبعة الثانية

ضارباً سطوح الحلم
كغمغمة الريح في ثقوب الرمل
ملهاة بلهاء، قماشة الرسم)
فلاح الشابندر

• في تعليق لي على هذا النص قلت:
(هذا فلاح
يرسم صوره رمادية زئبقية وعلى من يقرؤها أن يقف ويتأمل
فيها... رمزه لا يختفي وراء المفردات وإنما وراء الصور فمن الذي
اخترق رقعة الكانفاس ليرى ما وراءها؟)

• ويقول صباح محسن جاسم:
(فلاح الشابندر يكتب بازميل، ناحتا على حجر الصوان فيطوّح به
غابة من الصور بمخيال فنان..
موضوع اشتغاله يتجاوز الرسم على الكنفاس ــ فهذا لا يمثل سوى
تجريبا للعبور الى تجسيد ما هو خابي كما قطعة ماس حتى يحيلها
الى المتوهج بالخضرة!
الشاعر لم يتخل عن ذات اسلوبه الراكز في تناوله للشعري
واستفزاز مجاهيله التي لا ولن تحصى (نعم الله التي لن تحصوها).
اما فنيّته فتثير في المتمعن قراءة لنصّه، الكيفية التي يجمع في سلّته
الشعرية كل تلكم الانواع من الفاكهة الزاهية الألوان.)

سؤال 18- أ. د. إنعام الهاشمي:

من أين تستقي صورك الشعرية التي تظهر كلوحات على كانفاس في الكثير من نصوصك؟ وهل كان في حسبانك أو تمنياتك أن تكون رساماً؟

جواب 18 – الشاعر فلاح الشابندر:

الواقع هذا الخليط من الصور، وأنا رهينتها ومنها ما ينبغى إحداث خروقات داخل الصورة، ومنها ما يعتمد على الذاكرة فتكون صورة وصفية وقابلة للتأويل .

أنا لا أكتب إلا أن أرسم أولا، وأعتقد أن الرسم بالكلمات هو الأصعب.

وهذا يبرر الأمنية لو كنت رساماً.

• وجاء في جزء آخر من تعليقي على النص:"منارة الحلم" ما يلي:

(قالوا إن عصى عليك اخضرار أطرافها فامسك بريشة ألوانك في الحلم علَّك تجد فيها ما يطفئ الحنين ... ولكن الحلم يحيلها إلى زئبق لن تمسك به الأبواب المغلقة ولا الجفون المطبقة لدى فلاح الشابندر... فما الذي ظنته في نفسها رقعة الكانفاس؟ والحلم تذروه الرياح ولا يبقى منها إلا غمغمة الريح في ثقوب الرمال ... وتمضي هي وزئبقها وألوانها عبرثقوب الرمال ...

البعض يمسك بالحلم ويرخي قبضته يقيناً وما لديه سوى الشك والبعض يعصى عليه حتى الحلم ... أيهما أسعد؟ من قبض على الحلم وضاع؟ أم الذي لم يمر عليه الحلم إلا كطيف زئبقي؟)

سؤال 19- أ. د. إنعام الهاشمي:

بما أنك الرسام والحالم ومن فقد الحلم، هل تملك جواباً للسؤال الذي
تضمنه التعليق اعلاه...
أيهما أسعد؟ من قبض على الحلم وضاع؟ أم الذي لم يمر عليه الحلم
إلا كطيف زئبقي؟)

جواب 19 – الشاعر فلاح الشابندر:

هنا نأتي إلى مسرحة الحلم وإذا ما انسدل الستار، اليقظة. لا شيء
فى اللوحة إلا الإغواء الصادم والفراغ السطوة. ولا يعنى ترحيل
المونولوج الداخلي على غرار الغروب الغسقي بل نهمس للون
للحلم ... ومن فى استطاعته أن يتكلم عن أحلامه السرية؟
وتسأليني أيهما أسعد؟ ام أيهما أكثر عذاباً؟
الحلم الذى كان وضاع، لأن الحلم الذى يضيع بعد أن يتحقق يزرع
فى الأعماق جرح الحنين إليه ويجعل صاحبه يفتش عن شيء يعرفه
وجربه ولكن لن يعثر عليه مرة أخرى، فهو عذاب مركَّب.

الغضب والاحتجاج في نصوص فلاح الشابندر

يظهر الغضب في أكثر من نص من نصوص فلاح الشابندر رغم توشحه بوشاح الهدوء الوقور ولكنه يتجلى بوضوح في نص "الهتاف الأخير" أو "السكران الأخير" الذي يكفر فيه بالمنطق وبالعلم والتقدم والحضارة ويرى فيه الصعلكة وهي تهتف هتافها الأخير ثم تلبس بياض الله وتتوجه للبحر لتغرَق وتُغرِق، ومن منطلق هذا النص توجّه الشاعر عبد الستار نور علي لكتابة نصه "غضب" الذي أهداه إلى فلاح الشابندر مطلقاً عليه لقب "الشاعر الغاضب على كلِّ سكونٍ ساكن"،[9]

كما يتجلى غضب فلاح الشابندر بهدوء احتجاجي في نص "بيان هام" [10]الذي يقول فيه الكثير في القليل من السطور:

(الحربُ ملقاةٌ على الطريق
ظِلالُها ثيابٌ رَثَّة
ليليان ..
ليليان خدُّ الترابِ
بثوبِها القصيرِ الأخير
وبودِّها الصغيرِ اللذيذ
فى وَسَطِ السوقِ تفضَحُ زيفَ الحِكمة
حين دسسست فى الخُرجِ المثقوبِ
نصفَ تفّاحَةٍ مطبوخَةٍ بالشمسِ

طاعِنةٍ بالعَفَن

مسروقَةٍ من سسسسلَّة السسسوق

تخبِّئ وجودَها الحَيَّ في فَرارٍ مَوهومٍ ..

فَرارٍ إلى دائرةِ

فراغه..)

فلاح الشابندر

• وفي تعليق على نص آخر، يقول صباح محسن جاسم:

(لي ملاحظتي الوحيدة / فلاح يكتب من بين صراخ مكبوت وعيون مغرورقة بأنين لطفل يبحث عن أمه، زوجه، وطنه.......

في صراخه مرارة احتجاج .. لوعة للذي يجري ويحصل الآن)

سؤال 20- أ. د. إنعام الهاشمي:

ما الذي يجعل فلاح الشابندر يصرخ؟

جواب 20 – الشاعر فلاح الشابندر:

أأنت من يصرخ؟ أم تسمع الصراخ؟

الجوع يتوعد بيعي .....؟ تساألني الطفلة ليليان

رغيفٌ مرٌّ يطفو على ماء المرايا وجهي من يصافح وجهي؟؟؟

تسألني المرأة ليليان..

كسوتُ عريها رثاءً

ثمة أشياء لا أريد أن أعرفها .

أ. د. إنعام الهاشمي

أنا وفلاح الشابندر – متابعة حوارية : الطبعة الثانية

سؤال 21- أ. د. إنعام الهاشمي:

ما الذي يبحث عنه الطفل في فلاح الشابندر ولا يجده؟

جواب 21 – الشاعر فلاح الشابندر:

الغياب؟؟

سؤال 22- أ. د. إنعام الهاشمي:

ما الذي يحتج عليه فلاح الشابندر بشدة؟

جواب 22 – الشاعر فلاح الشابندر:

الفقر.........

_____

الملنكولية في شعر فلاح الشابندر

سأتخذ من نص الشابندر "أزيز" مثالاً على ما قد يشير إلى الملنكولية في شعره . وإليكم النص بأكمله أدناه:

أزيز

فلاح الشابندر

دائرةُ حرثٍ ..

جزءُ الدائرةِ ..

فزّاعةٌ

اعتمدت الفحولَ السود

أشدُّ فتكاً من إرضةِ الخشب

إن تلتهمَ الرأسَ

راسٌ ميّتةٌ

ميّتةٌ تتّكِيءُ على العصا

واقفٌ جِوارَ ليلٍ

ليسَ للنافذةِ ما تقولُه..

أحملُ رأسي

ويحملُني

يجولُ يجولُ يجولُ

ذاتُها.. هي الحيطان

هو ذاكَ الحائطُ

سانداً رأسه إلى يده ..

أظنُّه يفكّر

يفكّرُ بصَمتٍ

دنا.. يدنو.. يطوّقُني

سرّاً

الطارِئةُ الفاضِحةُ الخائِفة

وقدرٌ من الجنون

يسألُني قَدمي

تجادَلنا.. تقاطَعنا.. تجادَلنا

تقاطَعنا نعسا

ولا تمهلُني الغَفوات

غفوةٌ أطاحت برأسي

في ظلامٍ ما

أصابعي مجسٌّ للعتمةِ والمسافة

مجسٌّ لمناخِ الصمت

تقنطرَت رطباً جافّاً والعابرُ صوتي

أقفي أثرَه

ما أتّسعَ ينكسِرُ

مشى حائطي ..

مشى بين أضلعي

38 أ. د. إنعام الهاشمي
أنا وفلاح الشابندر– متابعة حوارية:: الطبعة الثانية

أزيز أزيز..

لا يفصِحُ الحجرُ

إلا ضربةً وأخرى

والأخرى ثلمةٌ ..

وثقبُ شرارٍ.. دمٌ وصفيرٌ

أنا لحمُ الحائط !

مرَّ العابرون

يتلفَّتُ.. يتلفَّتُ.. يتلفَّتُ الصفير

مرَّ النواطيرُ...

في صرَرِهم يخبِّئون

بذرةَ الصفير

إلى حين.

***

(فلاح الشابندر) [11]

دار حول هذا النص نقاش بيني وبين الأديب صباح محسن جاسم حول مقاربة أجواء النص لأجواء قصيدة أدغار ألان بو الشهيرة "الغراب"، بل ومن الإيقاعات الداخلية فيها ولكني كما قلت حينها لدي نية وضع هذا النص في قراءة تتضمن تتابع التعليقات في فحوى النص وأسلوبه وما إذا كان يؤسس لطفرة زمنية في التأويل النصي وكيفية فهمنا له. وهنا أقتطف جزءاً من أحد تعليقاتي على هذا النص يدخل يوضح المقاربة:

(في" الغراب" الأسى الذي يعتصِرُ روحَ المتحدِّثِ على حبيبةٍ فقدَها وفقدَ الأملَ في نسيانِها ... وهنا الأسى على الأرضِ التي ماتت كرمزٍ للوطن .... ويشترِكُ الإثنان في وجودِ بعضٍ من الجنون او الارتباك النفسيّ في حالة المتحدث مما يجعله يتخيل الأحداث أو يبالغ في تصوّراتِه لأحداثٍ صغيرة.

الحركةُ الدراميَّةُ التي تحرِّكُ المشهدَ هنا تتجسدُ في الحرثةِ والفزّاعةِ برأسِها الملقى على الأرضِ والفحولِ السودِ التي أكلتها تأتيكَ في البدايةِ هنا .... وفي قصيدةِ أدغار، بدايةُ الحركةِ الدراميّةِ تأتي مع الجذوة المشتعِلةِ في الموقِدِ وهي تلقي بظلالِها على الأرضِ كأشباحِ أجسادٍ موتى ... ثم ظهورِ الغراب،،،

ألا ترى المقاربةَ بين الفزّاعة والفحولِ السودِ من جهةٍ والغراب من الجهةِ الأخرى؟

ثم الأصوات ...

القرعُ أو النقرُ الرتيبُ الذي يتكرَّر لدى أدغار:

tapping tapping،rapping rapping

ثم : nevermore، nevermore

وهنا الصفيرُ يتكرر والأزيز يتكرر كذلك

ثم: "تجادلنا تقاطعنا تجادلنا .... تقاطعنا نعسا "

ثم: " يتلفت يتلفت يتلفت"

وبالإمكانِ التعمُّق في المقارنة فهناك الكثيُر في تطوُّرِ أحداثِ هذا النصِّ مما يشابِهُ التطوُّرَ في أحداثِ نصِّ أدغار رغمَ طولِه وقِصَرِ هذا. ...)

• وفي تعليق للأديب صباح محسن جاسم يقول:

(ما يقلق الشابندر فلاح هو فظاعة ما يجري من تضخيم لشكل الموت .. ليس موتا تقليديا ـ موت يؤسس له بتدبير دون وازع من ضمير وطبيعي لا يقف وراء ذلك عقل مفرد بل مؤسسة بعلماء جهابذ.

يرافق كل ذلك مسخ مساحة وطن الأنسان بكل تراثه وتاريخه وجمال رؤاه بعد ان شوّهت منظومته الفكرية بالخرافة والأنانية والعنت الأعمى.)

وهنا أجد رابطاً مع أدغار ألان بو من حيث علاقة أدغار بالموت وتكرره في قصصه وقصائده.

سؤال 23- أ. د. إنعام الهاشمي:

لا شك وأنك قد قرأت لأدغار ألان بو واطلعت على أسلوبه الغامض والأجواء المخيفة التي تطغي على كتاباته سواءً في القصة كما في "القط الأسود" و"جريمة في شارع المشرحة" أو في القصيدة كما في "الغراب" على سبيل المثال، فهل كان لأسلوبه هذا تأثير مباشر أو غير مباشر على أسلوبك؟

خاصة فيما يتعلق بالموت والملنكولية؟

جواب 23 ـ الشاعر فلاح الشابندر:

ما يقترفه الشاعر هو التقليد والتسطيح والأحرى به أن يطمح إلى

أن يؤسس عليه أو أن يكون مشروع شاعر وليس بعيدا فى الطابع العام للطموح.

ولو أمعنت النظر فى ثقافتي لما وجدت وبكل صراحة أنها قد تناولت ما تعنيه قصيدة الغراب للشاعر الكبير الا بعد تعليق الدكتورة إنعام الهاشمي والناقد الكبير صباح محسن جاسم . كما لا يوجد فى رف الكتب كتاب لجبران.

بصراحه أنا أعوِّل على القارىء كثيراً. القارىء المعرفي وليس القارىء لحواف النص، فالنص منشور وقابل للتأويل والاختلاف.

سؤال 24- أ. د. إنعام الهاشمي:

أذكر أن أحد الشعراء غضب غضباً شديداً حين علق أحد القراء بقصد المديح أن قصيدة الشاعر فيها مقاربة لإحدى قصائد جبران خليل جبران ... ماهو شعورك ونحن نجد المقاربة بين نصك وقصيدة هذا الشاعر العملاق؟ هل يغضبك ذلك أم يفرحك؟

جواب 24 – الشاعر فلاح الشابندر:

بلا غرور يفرحني كثيراً .

عزيزتي د. انعام الهاشمي مثل هكذا تشبيه يضعنى أمام المساءلة والعدالة حيث هى اللعب مع الكبار، ولكن من حيث السؤال فيه خط يتفرع إلى منعطف اليمين والآخر الشمال ... الأول أن يبرهن التوافق مع إذا ما أكون عليه مع هذا الشاعر العظيم وجب المراجعة للنص أعلاه " أزيز" ولا أدري ماهى كلفة المزاج والوقت، أما

الثاني وأسميه الناسف لهذه المقارنة أصلا بل وربما يهزأ عليه أن يقرأ ما اكتشفه الأول ولا حاجة لقراءة النص .

عيوني الدكتورة لا يؤخذ بهذا لأنه انطباع.. لكنه التشبيه يفرحني كثيرا بل هي تثبيت بصمة من سبابة من ذهب .

• وفي محضر مقارنة فلاح الشابندر كأسلوب كتابي بكتاب من الأدب العالمي كتب الأديب أسعد البصري في أحد تعليقاته ملاحظة عن "نص سماء من ماء" وفيها يربط أسلوب فلاح الشابندر بأسلوب صاموئيل بيكيت بقوله: [12]

(نتقهقر .. ظهرانينا التقيا .... التصقا

صلب ينتظر صلبا

(نكون أو لانكون) .... تلك هي القهقهة !

ياملكوت البحر إنا تراب

وتأخر الطير

يلتقطنا غبار

الشاعر فلاح الشابندر

تكتب بتقنية صاموئيل بيكيت تعتمد التجاور وأونطولوجيا المعنى الشعري

هناك حضور للغياب للبياض للصمت

كتابة تأملية لا يمكن أن تتشكل لولا الحروب

القنابل هدمت القناعات فظهر شعر كشعرك فكر تتقطع أحشاؤه

ليت فيه مزيداً من العنف لجذب المزيد من الشباب

أراقبك بعيون صقر ...!   (أسعد البصري)

سؤال 25- أ. د. إنعام الهاشمي:

صموئيل بيكيت الحائز على جائزة نوبل للآداب شاعر وروائي ومسرحي توصف كتاباته بالتراجيدية الكوميدية او الكوميدية الملنكولية وهي غالباً كئيبة وتتطرق للطبيعة البشرية بطريقة المضحك المبكي ... هل تجد هذا التشخيص أي تشبيه طريقتك في الكتابة بطريقة صموئيل بيكيت صائباً إلى حدٍّ ما؟ هل تود أن تناقشه؟

جواب 25 – الشاعر فلاح الشابندر:

لكل شاعر مهما تأْثر با لآخرين شخصيته لأنه ابن تجربته، الأمر الذى يحتّم شيئاً من الاستقلالية حتى وإن لم نشعر بذلك. لم أتقمص بيكيت ولا غيره ..... وإنما تقمصتُ روحي وحدها . وقد قرأْت له "فى انتظار غودو."

• وكان في رد الشاعر الشابندر على تعليق أسعد البصري المذكور أعلاه دهشة واضحة ذلك أنه شبه التعليق بالدخان الأبيض لخلافة البابا... بقوله:

(الاخ الكريم اسعد البصرى

لا ادرى لكنى اقول لك هذه اللحظه فى ان الان

كان ردك اشبهه

دخان الفاتيكان الابيض لخلافة ال بابا

والبقية تأتى

اشكرك جدا عزيزى ادهشتنى ويا دوب الملم الخفق
ودمت.)

سؤال 26- أ. د. إنعام الهاشمي:

هذه الرمزية التي تظهر حتى في تعليقاتك وردودك على التعليقات
هل تأتي لك بعد تفكير؟ أم هل هي عفوية ووليدة لحظتها؟

جوأب 26 – الشاعر فلاح الشابندر:

وانا اقرأ النص، النص الجاد والمعرفي، أجده يحرّر الفكر، وبالتالي
هو تطور مضاف إلى القارىء وإلى النص... ولا أنكر العفوية وما
يعتمل من النص فى الذات القارئة . كثيراً ما يكون النص طارئاً
على الحواس ويتولد الانفعال، بل حتى الانفلات بتعبير أوسع من
النص ...هذه لحظات حرجة لا يمكن حصرها .

———————————

أ. د. إنعام الهاشمي
أنا وفلاح الشابندر — متابعة حوارية : الطبعة الثانية

فلتة غير متوقعة في شعر فلاح الشابندر

تدخل المرأة بين الحين والحين في شعرفلاح الشابندر وتطل بلمسات أنيقة حالمة ممثلة برمز أو إشارة رومانسية كأن يقول:

" أبدعها بما توحي" ...

أو: "وكانت هدية الريح للنافذة طير..."

أو: " يا ايتها ... انت والمدينة .... لك النهارات كلها ولى الظلال"

أو: ويسألوني عنكِ .. أقول فصوص الشمس تتداولها الريح على سطح الماء"

وغيرها من الإشارات التي تشير إلى وجود المرأة بين السطور ولكنه لا يهاجمها بعنف الكلمات ليعرّيها ... غير أنه بكل هذه الغلالات التي يوشح بها امرأته له فلتات بين الحين والحين كأن يتحدث عن القبلة بقوله ...

(أقبلها....... مطراً .. مطراً .. على المجرد العاري ... فعل الماء فى الأشياء .. القبل.....!!)

وواحدة بالذات يعري فيها امرأته كما أوضح في السؤال التالي...

سؤال 27- أ. د. إنعام الهاشمي:

في الوقت الذي أرى فيه بعض الشعراء يتمركز شعرهم حول المرأة جسدياً أراك تبتعد عن التفصيل الجسدي إلا في قصيدة إمرأة من ندى وأنت تقول:

(بموده يشاكس قميصها الريح...
قميص اشهى ما فيه سر، نهد فيه ...
ثمرة مدلاة
لحم التفاح قطفناه لقاء!) ...

وهذا أجرأ ما قرأته لك إطلاقاً.

و السؤال: هل كان ذلك تجربة شعرية منك كي ترى رد الفعل والدهشة لدى الآخرين؟

أم هو مجاراة للمحيط الشعري آنذاك؟ أم هو ناتج تجربة حياتية لم تستطع إلا التعبير عنها فغلبتك؟

جواب 27 – الشاعر فلاح الشابندر:

كان النص نتيجة مظهر تلقائي يندرج ضمن انفعال شخصي كان النهد وما يشيع أنه زعامة الجسد...أعتقد الجسد اليوم هو الرغبة العامة .. وما جعلني أصف كان نتيجة ردة فعل عنيفة من جسد مكشوفة خباياه لكنه منحني أكبر قدر ممكن من الطاقة الشعرية والموجهة وليس موضوع خيال أو أثيري وإنما صورة حيَّة أمامي . ولا أخفي أن أقول أن هذا النهد كان مجموع طاقة مشهدّية فعّالة قادرة أن تفجر بي الطاقة المخبوءة وراء اعتبارات عرفيّة ونفسيّة لكنها اقتحمت وتجرّأت أنا .

إن النهد يتمتع بقوة خاصة به قادرة أن تطوع كل ماهو طبيعي ويخضع بدوره إلى محاكاة التهذيب الاجتماعي والحياء المكمّل للفضيلة بعد أن انتفت التلقائية... اليوم صارت القصديّة تلغي العفويّة وصار تبّى النهد للفتاة مشروع جمالي وحتى نفعي فالنهد

47

تستفتح به الحرية لنشدان الرغبة فى كلا الطرفين ...النهد أصل التكوين كما يضاهيه عصارة العجينة بكف الخباز وينتج خبزا ويشرق وجه الرغيف، االيوم أصبح شِعر الجسد والمرأة مثل أدوات الزينه الجاهزة فى أى وقت، تكرّر نفسها فى إشراقة النهد. كتبت شعر النهد من خلال نظامه الجسدى والجنسى مما أفقد معنى التطور وما يفتح على نفسه الجسد

أبدعها بما توحي...

أليست هى الأدرى للمعنى العام والشخصي؟ وحتى الداخلي . وبالحقيقة هو تورّط خاص يصعب فيه الوصول إلى جمال الوصف.

الشعارات والهتافات واللافتات في شعر الشابندر

تتكرّر اللافتات والشعارات والهتافات في نصوص الشابندر وفي عناوينها كما في "اللافتة" ... "الهتاف الأخير" ... "بيان هام" ... و"قف"

وانتخب هنا نص "قف"[13] كمثال:

(قف

فما ذاك إذن؟

عمودُ الموجةْ ...

الموجةُ المُهْوَسَّةْ ...

بالضحكْ...

والضحكُ يلهو بأقدارنا يوم أشتهت أنْ نكون هنا !...

فما هذا اذن؟

كسادُ الروحْ...

فالروحُ قيدٌ ..

والقيدُ يلهو بمعاصمنا أبداً ...

قف !

هوَّة الاشياء في عين اللافتةِ

متاهاتٌ ...

وقبضةُ الصيحةِ

فيْ

أثر المشنوقين غرقا ...

أتدري يا صاحبي؟

على قيدِ الغيبِ

يمضي البحرُ

والليلُ الى سواه

فراغا

وحيدَ الشكل

فراغا

يتناظرُ

و

اللافتة

تعود

لافتة ...)

(فلاح الشابندر)

• وكان تعليقي عليه:

(كلمة "قف" تحمل تحذيراً وتهديداً في ظل الظروف الاستبدادية
السلطوية ... ولكنها في احيان أخرى تمثل التماساً حين يسود الحب
ويشط المحب عن المحب في تهور اللحظة وحينها قد يستنجد العقل
بالنزق ان يقف ويرعوي عن التمادي في الأذى ... وفي اوقات
الفوضى هي توسل الصبر والصابر بالمنحدر في تيار الفوضى أن
يقف ويتأمل ...

ولكن ما رأيته هنا هو دعوة للوقوف في ظل الشعارات "اللافتات"

أ. د. إنعام الهاشمي
أنا وفلاح الشابندر – متابعة حوارية:: الطبعة الثانية

والتفكر في مضامينها بدلاً من قراقيعها التي قد تعلو احياناً كثيرة لتحمل جعجعة دون طحن ... وقد تحمل القول والقول الآخر والحياة تمضي كما هي ... الروح الى نهاياتها وإلى مستقرها بعذاباتها وتساؤلاتها ونزاعاتها فيما تراه الحق ... وتبقى اللافتات والشعارات والكلام الفاضي لا شيء سوى "مجرد كلام" من أجل الكلام ...

تباً لكل الشعارات ...

سأقف عند المواقف دون شعارات ودون هتافات.)

سؤال 28- أ. د. إنعام الهاشمي:

في ضوء ما جاء أعلاه، أين يقف فلاح الشابندر من اللافتات والشعارات؟ وماذا بعد الوقوف؟ هل فيه مراجعة النفس والتراجع عن مواقف سابقة؟ أو على الأقل إعادة النظر فيها وتغيير بعض المسارات؟

جواب 28 – الشاعر فلاح الشابندر:

أعتقد أن من إسقاطات النص هو شرح النص، وأجد فى نص " قف " أسئله كثيره، وعليه لم يكن شعار" قف " ظاهرة نقف عندها ومختصة بذاتها إنما تشكل البنيات المحيطة بالإنسان وحتى فى دوخلنا نجد الـ "قف"

التى لربما تسبب كوارث أو تحوّلاً كبيراً ... تحوّلاً تاريخياً، وعليه ومن الأهمية لنص "قف" ارجو من القارىء الجاد أن يراجع النص لأنه فيه وعليه وله.

.

المرايا والجدار والثقب الأسود وفلاح الشابندر

تتكرر المرايا في نصوص فلاح الشابندر وأذكر منها على سبيل المثال نص "مسرح المرايا"[14] وادناه مقطع منه:

(أقرأْ في سماءٍ مضاءةٍ لا سبيلَ الى لمسِها

باسطةٍ للناظرِ غوايتَها باسطةٍ للناظرِ سطوتَها باسطةٍ للناظرِ غيابَهُ

يبحثُ عن ما يشبهُهُ فيها

أو يستعيرَ أجوبةً

السيداتُ المرايا:- كمْ مَنْ آتٍ مرَّ عليكَ؟

وكمْ مَنْ أنتَ؟ ....)

....

....

(يرفعُ رأسَهُ من بينِ موجِ الظلمات...

بقايا أملٍ للخلاصِ من الغرقِ الوهميِّ

يصرخُ بصمتها السائدِ والموحّدِ

يصرخُ بانعدام الصدى

يصرخُ... يرتعشُ خوفاً بارداً

يحلفُ بِعُريهِ

انَّ المُجرد لهوُ المرايا)

وكما في نص "ثقب بالاستعارة"[15]:

(يتسارَعُ النبضُ، يتصاعَدُ رعداً ...

رعداً بارداً

يتساكَتُ النبضُ، يعصفُ الضوءُ..

واسعاً نافذاً يتغلغلُ مجلجلاً

مسّهُ الضوء ..

سَرَت قشعريرةُ رعدٍ.. باردٍ

وراح صارخاً :

حلَّ عنّى ..... حلَّ عنّى

تفزِعُنى.

يقتربُ الثقبُ..

صارخاً .....

أطمروا الثُقب.. أطمروا الثُقب !

يجرفُنى السسسسسسسسسسسسسسسسيل

يجرفُنى السيل .... يجرفُنى الضوء

أطمروا الثُقب

الضوءُ فرِحٌ... جذلاً يتلقَّطُ المرايا

صارخاً ...... أطفئوا المرايا

تعرّينى..

صارخاً ......أطفئوا عزاءَ المرايا

يفزعني..

ليتجلّى السسرّ بالعمى، أتلاشى بالعمى

أ. د. إنعام الهاشمي
أنا وفلاح الشابندر – متابعة حوارية : الطبعة الثانية

صارخاً ......أطفئوا المرايا ..دموعي عارياتٌ
دموعي الماجداتُ المعتلاتُ بالخطايا
دموعي رغوةٌ مجنونةٌ فى قاعِ المرايا
ولمثلِ هذا لم يكن من قبل !.
بصري اليوم حديد..
حديدٌ بصري ، حديدٌ بصري ..
يعرّيني ...... سرُّ اللاشئ .....
سرٌّ أبله
أوْثِرُ العماءَ على البياض.)
(فلاح الشابندر)

سؤال 29- أ. د. إنعام الهاشمي:

أين تجد نفسك من المرايا؟

جواب 29 – الشاعر فلاح الشابندر:

المرايا تجذب الناظر بكل قبول حتى نقطة معينة يكتشفها هو الرائى لنفسه يمستوى التمييز .

ممكن أن تكون من المرايا واقعيتها الحبيب مثلا ...

لكن السيدات المرايا سائلتني

كم من آت مر عليك وكم من أنت؟

ومن الاحتمال أن يكون المجرد لهواً للمرايا حين يقسم بعربية أن المرايا لهو المجرد ... لكن الغريب فى الأمر أنني قد سعيت مرة فى فكرة قفا المرايا وأن أكتبها نصاً قد يبدو للآخر هو التجريد، وربما

وفقت إلى حدٍّ ما حين كتبت النص الذي يحمل عنوان "ثقب بالاستعارة".. قدر يسقط أعمى ويدخل إلى أعماقه لتتكشف له مرايا حقيقية، ويرى ما لايراه فى الواقع . وهذا يذكرنى برواية دوريان كراى ... صورة دوريان كراي .. كلفه رسم الصوره 35 عاماً، ولما بلغ دوريان المعنى بالصوره أطاح بها تمزيقا فقد كانت هى مراياه التى عكست شيطانه .

سؤال 30- أ. د. إنعام الهاشمي:

في نصوصك، إضافة إلى المرايا، يتكرر ذكر الحائط ... والثقب... والقدم الحافية، فما الربط بينهم في ذهنك؟

جواب 30 – الشاعر فلاح الشابندر:

توجد خلائق عامة وخلائق خاصة يجمعها ترابط بدائي وجوهر استعاري بأكثر الأوقات وحتى تأويلي، والحاجات كذالك، ولكن أكثرها هو التأويلي والعبور من خلالها إلى الرمزية.

ممكن أن تستغل إلى تضاديّة فهى خلائق للتصريف لأكثر من معنى. وفي ختام حديثي، أريد أن أقول أن الكتابة مشتهاة لتكون مرايا للكاتب، بل وحتى امتداداً لحوار مع الذات، لذلك لايمكن إعطاء الكتابة مصطلح تعريفي ولكن يمكن إعطاء صورة وأثر للصورة لئلا يتشتت الكلام.

تتطلع الكتابه إلى ما هو أبعد من مداها كأن تولد أفكاراً جديدة ويمكن أن يقال أن الفكر الآخر هو الذى أنتجته الكتابة . ما صارت الكتابة امتدادا إلا بالاستكشاف .

أقول، وبقدر ما يتعلق الأمر بي وجدت الدكتورة إنعام الهاشمي تستمد من الكتابة نفسها دون المغامرة وتذهب إلى الأبعد من مداها وما تنطوي عليه قصدية الكاتب من رمزية وخيال بما لديها من الاستيعاب وبتأمل منهجي في خارجية الكتابه وباطنها وبالتالي النقد وبالأخص النقدية المضافة إلى النص .

أشكر سيدتي الدكتورة إنعام الهاشمي على هذا الحضور المهم والفاعل في الحرف وحرثية الحرف ..وأسأل الله أن يمدها بالعمر وبالعافية.

وهنا سمعت فلاح الشابندر يردد بصوت عالٍ من "غرفة مجاورة"

(موجة لجية وقشه

رقصة ضراعة للخلاص

كل ..... رقصته

وإذا ما انزلق اصبع المجنون على الوتر

أنا وظلى رقصة وراقص

من الغرفة المجاوره سمعت الأرق يسقط من حافة السرير...)

فقلت لقلمي كفى ولأقدم شكري لشاعرنا فلاح الشابندر للمسير معي في هذا المشوار بين تعرّجات نصوصه وأفكاره ما بين النص والتعليق والسؤال والجواب ... وأحييه تحيني الشهيرة له ... حيَّ على الفلاح ... قد لاح فلاح !!...!

نعم لاح فلاح وأبدع، فله كل الشكر والتقدير. وشكري وتقديري لكل الذين اقتبستُ من أقوالهم في هذه القراءة والمتابعة الحوارية . وأود

أن أقول، رغم تعدد النقاط التي تعرضت لها هنا فإن كل ما جاء فيها لا يتعدى كونه رؤوس الأقلام التي قد تتيح للدارسين التعمق والتوسع في مضامينها فيما بعد..

. وأود أن أضيف أن معظم النصوص التي مررت بها تظهر في مجموعة الشاعر فلاح الشابندر القادمة التي هي قيد الطبع بعنوان "سطر الشارع" والتي ستكون بين أيدينا بحلتها المتميزة قريباً.

....

حرير وذهب (إنعام)

الولايات المتحدة

التعليقات

تعليق 1 - أحمد فاضل

الناقدة المتميزة والمترجمة الحاذقة د . انعام الهاشمي (حرير وذهب) المحترمة

تحية وتقدير ,

أعتقد أنك أنصفت شاعر الرمزية الأستاذ فلاح الشابندر قبل ان تنصفه كتابتي وزميلي صباح محسن جاسم حين أطلقت عليه ذلك التوصيف الشهير والترحيب به (حي على الفلاح .. قد لاح فلاح) ، حواريتك معه أبهجت النقد العربي الذي تأخر دائما مع الشابندر وصحبه من الشعراء ، مرة وفي جلسة معه سألني :

- لماذا لاتترجم الشعر يا احمد ؟

اجبته :

- لا استطيع .. لأنني مهما حاولت ان أتقرب بالمفردة الأعجمية من نص الشاعر أرى أنني لا أستطيع إنصاف شعره ، روحه ، وكل ما تنزفه جراحاته ، لكنك استطعت من انصافه عبر ترجماتك العديدة له ولمجايليه .

تحية كبيرة ل (حرير الذهب) ولشاعرنا الكبير فلاح الشابندر .

مع تقديري العالي.

رد على تعليق 1 - حرير و ذهب (إنعام)

الأستاذ الناقد القدير أحمد فاضل

تحية الفكر والنور

أشكر لك قراءتك لهذه الحوارية القرائية النقدية هذه، لا أدري كيف اسميها او أصنفها إلا انني شعرت ان هذا ما ينصف القراءة وينصف الحوار وينصف الشاعر .. انه ناقوس العدالة الذي ظل يدق في داخلي حتى اخرجته من روحي واسترحت ... هذا كقبلة لورد بايرون التي اراد ان يطلقها مرة واحدة ويستريح ... عسى ان اكون قد انصفت الشاعر بعض الشيء او فتحت الباب قليلاً للنقاد ذوي الاقلام الحاذقة والفكر المشحون بالقوة للولوج من خلال هذه الفتحة لفكر الشاعر بطرق أخرى للنقد تتلاءم والحداثة التي يمثلها الشاعر فلاح الشابندر ومثلائه من الشعراء الذين يضعون الناقد في حيرة و عجز امام ما يكتبونه فتحل عليهم لعنة الناقد صمتاً ... انني اشيد بك وبالنقاد الذين جاء ذكرهم في النقدية الحوارية أو الحوارية النقدية اعلاه على جرأتهم في الدخول في حيز الشاعر فلاح الشابندر وأملي ان يكونوا الرواد في هذا المضمار ...

تحياتي لك ولقلمك البارع ...

د ام لك الحرف والفكر ...

....

حرير و ذهب (إنعام)

الولايات المتحدة

تعليق 2 - جمعة عبدالله

الاديبة القديرة د . انعام الهاشمي (حرير وذهب) خبيرة في الغوص الى الاعماق , لاكتشاف اللؤلؤة او (الزبدة الحروف) او اكتشاف اعماق دواخل الشاعر , بالاستنباط الداخلي . او بمعنى اخر تستخدم هذا الاستنباط او الغور الداخلي . من اجل حل وفك رموز والطلاسم والخوالج وحتى الهمسات والحواس الداخلي . لذا ياتي هذا الحوار او المقابلة , ليس بالشكل المتعارف عليه , او الشائع والمعروف في الحوارات الادبية , وانما هو زبدة الاستنباط الداخلي او الحوار الداخلي في اكتشاف دواخل واعماق الشاعر . انها مهمة صعبة ومعقدة , لكن اديبتنا القديرة تعودت على صعود الصعاب , لذا احسست بروعة الحوار الداخلي او الاستنباط . والمفاجئة ان شاعرنا القدير الاستاذ فلاح الشابندر استسلم بطواعية كاملة , وهنا يطرح السوال التالي : هل شاعرنا القدير وقع تحت تاثير مخدر الاستنباط الداخلي , ام ان اديبتنا القديرة اجرت عملية تشريح للمخيخ الداخلي ؟

حقا وحقيقة انت حرير وذهب

رد على تعليق 2 - حرير و ذهب (إنعام)

الأستاذ جمعة عبد الله

تحية طيبة

شكراً لك قراءة هذه التجربة واستكشاف ما فيها للتوصل الى انها محاورة لا تشابه الحوارات الاخرى... نعم هي تعتمد التفاعلية بين

الناقد والشاعر فقد كثر النقد للنقاد والإشارة الى عجز النقد عن اللحاق بركب تطور الشعر والحداثة ذلك لأنه بقي يدور في حيز الكلاسيكية من ناحية ورولان بارث من الناحية الآخرى والدوران في فلك النظريات النقدية دون تجاوزها بمعرفة ان النقد لا يتبع النظريات بل ان النظريات هي التي تدون وتورخ لما وصل اليه النقد ... اي ان النقد جعل من نفسه ذيلاً للنظرية في حين ان النظرية يجب ان تكون هي التابع ... فالنظريات العلمية تفسر الوقائع والظواهر العلمية ولا تخلقها... فهل آن الآوان للنقد أن يستفيق من سباته؟

اما السوال إن كان الشاعر فلاح الشابندر قد وقع تحت تأثير المخدر، فللاجابة عليه سأبوح لك بسر... في الصبا ومنذ الطفولة اولعت بالتنويم المغناطيسي وكان احد اصدقاء والدي منوماً مغناطيسياً ولكنه عجز عن تنويمي فعكفت على قراءة كتب عن التنويم المغناطيسي وكانت نتيجة ذلك ان قمت بالتجريب فنومت أخي وبعض اصدقائنا الصغار فذهب احدهم لأمه يصرخ بانني "سحرت على عيونه" وكان نتيجة ذلك العقاب الشديد واخفاء الكتب عني من قبل والدتي ... ربما استيقظت تلك تلك المعرفة ... أو ربما هو ما قاله فلاح الشابندر في أحد نصوصه: (اي توتر في جوف الصخرة الصلبه كون يرسم لنفسه عشبة حرة!) .. ربما تفجرت الصخرة بالتوتر عن عشبة حرة... دمت قارئاً متابعاً وعسى ألا يخيب ظنك في حرفي والشابندر؛

أ. د. إنعام الهاشمي
أنا وفلاح الشابندر – متابعة حوارية : الطبعة الثانية

....

حرير و ذهب (إنعام)

الولايات المتحدة

تعليق 3 - حمودي الكناني

دائما تأتي الهاشمي بالجديد المبتكر فحواريتها هذه هي دراسة وافية للشاعر الذي يسكن فلاح الشابندر ولربما يكشف هذا الشاعر الغائر في اعماق فلاح الشابندر عن نفسه اذا ما استدرج الشابندر بهدوء الى حيث ما نريد ....أتذكر مرة عندما كنا في ضيافة الشاعر ابراهيم الجنابي سألت الشابندر بصورة مفاجئة ....أ يوحى إليك يا فلاح ؟ سكت , نظر بوجهي ثم قال نعم :ان شخصا يكلمني فارتعد فابدأ أكتب وأنا أحدق في عينيه, نعم لقد اماطت الهاشمي اللثام عما يكمن في دواخل نصوص الشابندر سابقا بتعليقاتها الفاحصة والان جعلت الشابندر يكشف عما تبقى خافيا باستنطاقه عن كنه اسرار رموزه وخباياه ....فشكرا للهاشمي وطوبى للشابندر ان ناقدة كالهاشمي تحاوره.

رد على تعليق 3 - حرير و ذهب (إنعام)

صديقي الأقدم شيخ القصة القصيرة جداً

تحيات وافرات

أشكر لك إشارتك الى الابتكار في هذه الحوارية النقدية وأنت أدرى بأسلوبي وقد تابعتني منذ سنوات خلت في المثقف والنور ... وحين اطلقت علي لقب "المسبار" الذي اعتز به كان علي ان

ابقى عند حسن الظن وإلا سحب مني اللقب!!
دامت لك جهودك في التنوع الأدبي من القصة القصيرة جداً للقصيدة النثرية للحوارات وفي كل ذلك تجيد وتبدع ولكن تبقى شيخ القصة القصة القصيرة جداً دون منازع في نظري ... وشكراً لإهدائك المجموعة الأخيرة لي ...
دمت أخاً وصديقا وفياً...

......

حرير و ذهب (إنعام)
الولايات المتحدة

تعليق 4 - سلام كاظم فرج

الاستاذة الدكتورة انعام الهاشمي
تحية الود والتقدير
هذه الحوارية تستحق الشكر والثناء والاعتزاز لما انطوت عليه من جهد حقيقي في إنصاف تجربة شاعر متفردة في إطروحاتها .. وهذه الحوارية انطوت ايضا على تقديم مبتكر لفن الحوار ومثلما تفضلت.. جمع بين طرح الاسئلة وتلقي الاجوبة.. واستحضار ما قيل عن الشاعر من قبل نقاد تجربته. وما تضمنته بعض المداخلات في باب التعليقات. وقد اختيرت بعناية كتابات افضل نقاد الاستاذ فلاح سيما المقالة النقدية المهمة للشاعر والناقد الكبير الاستاذ عبد الستار نور علي ومقالتي الاديبين صباح محسن الجاسم واحمد فاضل عن مجموعة

الشاعر (فحم وطباشير ..)..

تقبلي تحيتي واعتزازي بهذا الجهد الجديد بكل ثناء..

رد على تعليق 4 - حرير و ذهب (إنعام)

الأخ الأديب سلام كاظم فرج

تحية الخير والبركة

كل الترحيب بك والشكر لملاحظاتك الكريمة وتقييمك لعملي في هذه الحوارية النقدية التي حاولت فيها الإلمام بجوانب عديدة لإلقاء الضوء على عمل الشاعر فلاح الشابندر والغور فيه وليس فقط من تفسيراتي لما قرأت له من نصوص ... وقد استنجدت بفكر الأخرين الذين وضعوا حرفهم في رأي يفسر ما ذهبت إليه في قراءتي واستنجدت بما قاله الشاعر عن نفسه وفكره مما يلقي الضوء على ما يقف وراء النصوص فتتوضح الفكرة لدى القارئ ... هي التفاعلية بين الكاتب والقارئ والناقد التي ابتغيتها في هذه الحوارية النقدية وفيها إشارة للنقاد أن النقد بشكله الحالي يقف عاجزاً عن أداء الدور المرتجى منه...

أعلم ان هذه العملية التفاعلية يصعب تطبيقها عملياً لما تستنزفه من جهد ولكن على النقد ان يعيد النظر في نفسه ويقيم وضعه الحالي للمضي بنفسه الى فسحة تخرج به من جموده وتخلع عنه حلته التي بدأت تتهرأ بشكل واضح.

......

حرير و ذهب (إنعام)

الولايات المتحدة

تعليق 5 - فلاح الشابندر

امرأة الحرث والحرف

أ د انعام الهاشمى ..

قيمة الحوار ما يتحرر بالاختلاف اذا ما كان الشعر قضية وموقف وما الحرث الا ارضية السؤال السؤال البذرة الاولى حيث تفتتح على سنبل المعنى ومن لا شك فيه ان الحوار يتقدم على مراحل ... بمناظرة امام

ما كتب من نصوص اعلاه لطرح الراى الخالص . ان للحوار شخصيته المتمثلة بسيدة الحوار اليوم د انعام الهاشمى لم تكن انعام الهاشمى طقسا محايدا حيث تذهب ريح كاتب النص ابدا كانت الاختلاف بعينه .. تجادل تصحح تشطب تخطأ تصيح رافضه .. لم يكن الحوار ذاته بل جوهر السؤال للنص و الفكره ومضامينها لانها تجد اليوم من الخطوره ما يدونه الشعر الجاد لانه كاتب التاريخ بحق . د انعام سيدتى ومنبرك المعرفى لك كل احترامى وتقديرى .. ها هى انعام كلنا قيام مع دوام العافيه والابداع والجمال والحب

رد على تعليق 5 - حرير و ذهب (إنعام)

حيَ على الفلاح...

قد لاح فلاح...

شاعرنا شاعر الرمز بامتياز فلاح الشابندر ، شريك التجربة ... هذه هي الحوارية النقدية التي ما فتئت تسأل عما حلّ بها وكانت إجابتي في كل مرة: لن تنشر مالم اقتنع بها وما لم اعطها الجهد الذي

تستحقه ... نعم كما قلت هو الاختلاف ... الاختلاف الذي لا نتقصده كغاية وهدف بل هو الذي يفرض وجوده بالنهج الذي ننتهجه في تخطيط وتنفيذ أي مشروع مهما كان صغيراً ليس بالكلام وانما بالفعل الذي يفرض نفسه؛وهنا اقر واعترف ان ما قلتضه من توصيف في طريقة التعامل التي انتهجها في الحوار أو اي عمل مشترك :

(لم تكن انعام الهاشمي طقسا محايدا حيث تذهب ريح كاتب النص ابدا كانت الاختلاف بعينه .. تجادل تصحح تشطب تخطأ تصبح رافضه ..)

ولا ادري إن كان عليّ أن اعتذر ولكني لا اقبل بأنصاف الحلول ولا أنصاف الأجوبة، فالقارئ الذي يضع وقته في قراءة السؤال يستحق الجواب الكامل قدر المستطاع... ومن يضع حرفه على الورق عليه ان يضع فيه من روحه ما يبرر وقت القارئ الذي يودعه قراءته لاستيعاب هذا الحرف ... هذا هو التفاعل التام بين الباحث السائل والمجيب والقارئ، وعسى ان نكون قد وفقنا في هذا ...

اشكر لك صبرك وتعاونك والأهم لحرفك الذي استفز قلمي للبحث في خلفياته ودواخله لانتاج حرفي هذا ... وأملي ان يحفز هذا ويستفز الأقلام الأخرى في جهود مشابهة.

تمنياتي لك بالمزيد من النجاحات واهنئك على قرب صدور مجموعتك الجديدة "سطر الشارع" ...

....

حرير و ذهب (إنعام)
الولايات المتحدة

تعليق 6 - غالب حسن الشابندر

السيدة انعام الهاشمي تستبطن الشعر فلسفة وتستبطن الفلسفة شعرا، تلك ميزة صعبة ، وقد اجادها صاحب الامتاع والمؤانسة ، فكان اديب الفلاسفة وفيلسوف الادباء ، ولكن كان حظه من الحياة الحزن ، والالم ، والدموع ، على انه بالالم جعلنا نتعلم ، وبالدموع علمنا ان نصبر ، وبالحزن علمنا كي نُفرح الآخرين ، فلاح الشابندر مشكلة ، لانه وضعنا امام انفسنا عراة ، انا حائر ماذا اقول ، سواء عن براعة السؤال او براعة الجواب ، ولكن يبدو لي تطابق الأفق البعيد مع افق بعيد مواز ، فكان هناك عالم متعدد الابعاد ، بل هناك كون متعدد العوالم ، تحياتي لكيكما وتعلمت من كليكما ، ولا يد ع احدكم الزمن ان يبتلعه ، اعملوا في الزمن ولا يعمل بكم ، كلمات انيقات ، وافكار مشرقة ،وحزن عميق ولكنه سام ، والم مثير ولكنه لم يُثار من خارجه بل هو نسيج وحده. شكرا لكما.

رد على تعليق 6 - حرير و ذهب (إنعام)

الأستاذ الباحث القدير غالب الشابندر

تحية طيبة

أشكر لك حضورك وقراءتك لهذا المنتج وشهادتك في حقه ... أما تشبيهي بأبي حيان التوحيدي صاحب "الإمتاع والمؤانسة" أديب

الفلاسفة وفيلسوف الإدباء فهذا جميل وكبير من ناحية ، ومن الناحية الأخرى أثار عندي الأسى خشية ان يكون مصيري ومصير حرفي مصيره ومصير كتبه التي احرقها في نهاية عمره أسى لأنها لم تعطه ما أعطته للناس... ومن أساي عليه وعلي فكرت بترجمة أحلى ما تبقى من آثاره إن لم أمنّى بمصيره قبل ذلك.
أما عن فلاح الشابندر فقد قلتها بجملة واحدة استشهدت بها وكانت حافزاً لعدد من أسئلتي الاستكشافية فيما وراء شعره ... فشكراً لك ... وأما من الذي تعلم من الآخر، فالكلمة التي تطلق في الهواء الطلق هي المعلم ان اقتنصناها وقلبنا جوانبها بالسوال والسؤال الآخر ... وفي عمق السؤال يغفو الجواب وتكمن المعرفة
تحيتي والتقدير لك ولحضورك الجليل؛

....

حرير و ذهب (إنعام)

الولايات المتحدة

تعليق 7 - د هناء القاضي

القديرة الأستاذة انعام الهاشمي

الهالة الجميلة من الرمزية والغموض التي تحيط بنصوص الأديب الشابندر جعلته متفردا ومتميزا وشاعر لايتكرر، أنا عن نفسي أتابع كل جديد له وأجد متعة في قراءتي ..وأعترف أني أدوخ أحيانا في تفسير أو الوصول الى ماورائيات النص ..ولكن حين أقرأ بعدها تحليلك لنفس النص ..أبتسم مع نفسي وأقول ها قد عرفتْ أخيرا

لغز النص.

سيدتي حواريتك وقرائتك النقدية هذه قد أنصفت أديبنا الشابندر وهو يستحق فعلا هذه الوقفة. تقبل اعجابي وتقديري .

رد على تعليق 7 - حرير و ذهب (إنعام)

الشاعرة الرقيقة د. هناء القاضي

تحية الألق والإبداع...

لست وحدك من "يدوخ" في تفسير ما وراء حروف فلاح الشابندر ويسعدني انني وجدت بعض المفاتيح لفك مغاليقها بعض الشيء ... ما مرورك ومتابعتك فيهما بالغ سعادتي زال أمام الباحثين الآخر الطريق مفتوحاً وقد تيسر مدخله علهم يكملون المسيرة فيه؛

تحياتي لك ودمت بإبداع متواصل؛

......

حرير و ذهب (إنعام)

الولايات المتحدة

تعليق 8 - عبد الستار نورعلي

سيدتي الجليلة د. حرير وذهب وماس،

الاستنباط والاستقراء والاستكشاف والاستبصار الذي قمتِ به هنا، منحنا حواريةً بعمق رؤيتكِ. دخلتِ عمق الشاعر ونظرتِ وبحثتِ فاستكشفتِ، ووضعت ذلك على طاولة الحوار مع الشابندر، لتجعلي القارئ يستطعم معكما وجبةً دسمة تحتاج الى تأنٍ في التناول لهضم مكوناتها الخصبة.

اشكر لك هذا الجهد المثقل بالبحث والالتقاط والنظر والتأمل والتفكير والتخطيط. وهو جهد أحسدك عليه. وما هو بغريب.
اجلالي ومحبتي.
عبد الستار

رد على تعليق 8 - حرير و ذهب (إنعام)

الشاعر القدير والمحلل الجليل عبد الستار نور علي
تحية وتقدير
ما كان علي إلا أن آخذ بوصيتك التي جاءت فيما اقتطفته من أقوالك مما جاء في هذه الحوارية النقدية لأبدأ المسيرة في استقراء ظواهر حروف فلاح الشابندر واستقراء ما وراءها من دلالات الرموز ... ولا يمكن لهذا أن يحدث من نص او نصين وإنما من متابعة النصوص وإيجاد المترابطات بينها ... وما زال الطريق طويلاً ولكنني قصدت فتحه بهذا المقص ، فليبدأ الماراثون!
تحيتي لك ولجلال مرورك وهيبة حرفك الذي ازدان به حرفي...
شكراً لك أيها الجليل؛

.....

حرير و ذهب (إنعام)
الولايات المتحدة

تعليق 9 - قاسم العزاوي

بعيدا عن رولان بارث وموت المؤلف ، وبعيدا عن تقليدية الحوارات المملة والمكررة ، ارى في هذه الحوارية كرنفال ثقافي

شامل، شعر / موسيقى/ تمثيل سينمائي ومسرحي/ رسم ونحت وخط وزخرف /فلسفة وسيسولوجيا وعلم نفس و و و و ...ولادري من قاد من ، دكتورة انعام ام فلاح الشاعر ..؟ حوارية بها من التناغم الكثير ومن جذب المتلقي اكثر ..دكتورة انعام ..كنت رائعة ...فلاح الشابندر ..كنتَ مدهشا...لكما باقة ورد بوسع الكون.....!

رد على تعليق 9 - حرير و ذهب (إنعام)

الأديب الفنان قاسم العزاوي

تحية الفن والإبداع

أسعدتني جولتك في الحوارية النقدية هذه واستمتاعك بمشاهدها الفنية من رسم وتشكيل ومسرح وسينما وكذلك الأدبية التحليلية والفلسفة والسوسيولوجيا وكل ما مررت به في الجولة... نعم هي لا تشبه غيرها للأسباب التي ذكرتها في التوطئة ... أما من كان يقود من ، فأقول اننا كنا نسير معاً نحو الهدف المشترك وهو ما الوصول إلى نهاية الطريق الذي سرت انت فيه واستمتعت به ..

تحياتي لك ... شكراً للمتابعة والتقييم ودام الذوق لك؛

....

حرير و ذهب (إنعام)

الولايات المتحدة

تعليق 10 - صباح محسن جاسم

الإخلاص للنص الشعري .. ذلك هو ديدن الشاعرة قبل الناقدة الملكة انعام الهاشمي .. اجمل ما في الشاعرة انها لا تجامل احدا على

حساب الذائقة الفنية والشعرية فضلا عن انها تتعامل بحرية تحسد عليها في الاختيار .. والأكثر اثارة انها تعبر فراسخ البعاد ببساط ريح بغدادي فتجوب كل مدن العراق بمناراتها وكنائسها وما تبقى من معالم مثابات مثل شارع النهر وسوق الصفافير ومقهى ام كالثوم في ساحة الميدان ..

اعرف تماما انها تتأمل نهر دجلة على ما كان عليه ايام طفولتها .. مثل ما يتأمله كثر من زميلاتها وزملائها .. وسوق الباعة والقرطاسية .. هي محاولات جميلة لاستكناه القصائد .. ليست تلك التي قيلت بل التي في طور ما يقال .. ذلك ما يتردد على لسان طير الفواخت العراقية ...

اهم ما يميز الست الملكة انعام انها .. هنا ! وذلك مبعث فخرنا واعتزازنا ...

رد على تعليق 10 - حرير و ذهب (إنعام)

الأديب اللماح صباح محسن جاسم

تحية الأدب الرصين

اسعدت بقراءتك لما جاء في هذه الحوارية النقدية والتي احتوت ضمن الأفكار الأخرى فكرك حول اسلوبية ورمزية وبنيوية نصوص الشاعر فلاح الشابندر كما كان يسعدني نقاشنا حول البعض منها حين تنشر وضمن التعليقات ..لا يخفى عليك اهتمامي بالتعليقات فقد كتبت عنها أكثر من مرة لاعتقادي أنها ليست فقط للتواصل الاجتماعي والأدبي الثقافي وانما هي اسس للنقد وقد تشير الى مواطن ضعف ومواطن قوة والى سمات متواصلة ومرتبطة فيما بينها ضمن نصوص الشاعر ومشتركاتها مع أدب الآخرين

والأدب العالمي في إنسانيته أو خطوطه العريضة على أقل تقدير ...ربما لا يشكل التعليق الواحد ما يكفي ليكون مقطوعة أو دراسة نقدية ولكن التعليقات بمجموعها مع غيرها من القراءات تشكل أساساً راسخاً لهكذا نقد ... أما المجا ملات فهي تصلح للتواصل الاجتماعي والعلاقات المتحضرة ولكن ليس على حساب الرأي ، فالمجاملة إن تجاوزت حدودها وتمادت في المديح المجاني أضحت آلة هدامة للتسقيط وللتصعيد يتخلخل جرائها البنيان الأدبي والثقافي ... وكما اقول دائماً كل شيء باعتدال مقبول ولكل مقام مقال... كم يسعني ان أجد قولي ورأيي يؤخذ على محمل الجد بوصفه بالإخلاص للنص وابتعاده عن المجاملات بعيداً عن الذائقة الأدبية والفنية .. فهذا ما اصبو اليه وانتهجه.

أقولها دون مجاملة أنني اعتز برأيك لأننا اختلفنا مرات واتفقنا مرات وفي كل ذلك لا تنزيل من قيمة الرأي المخالف فهكذا ينشأ الفكر الثالث الذي يتعداني ويتعداك ويأخذ مني ومنك ويرى ما لم أره وما لم تره...

من الناحية الأخرى كلما تحدثت إليك اعدتني الى شارع النهر وسوق الصفافير وشارع الرشيد والميدان وحتى البرازيلية و "همبركر ابو يونان" ... فاعتز بعراقيتي وأحبها .. شكراً لك وللأصدقاء الآخرين الذين يطلون علي بحكاياتهم ويأخذوني بها كل جمعة إلى شارع المتنبي...

تحياتي لك وتقديري لإسهامك الثر في الرأي.

....

حرير و ذهب (إنعام)

الولايات المتحدة

أ. د. إنعام الهاشمي
أنا وفلاح الشابندر – متابعة حوارية : الطبعة الثانية

تعليق 11 - صباح محسن جاسم

تواصل الست الشاعرة - الناقدة انعام الهاشمي متعة امتاعنا قراءتها التحليلية لعوالم الشاعر فلاح الشابندر .. في الوقت الذي تمتعنا بمعالجاتها الجمالية في استقرائها للنص .. من ثم الغوص في عوالم السحرية الكونية .. حيث تمسك بالومضات الشعرية قبل ان تلوذ بالشموس الغاربة ..

لقد تأكد لي ان الحقيقة التي هي في الغالب غامضة لأغلبنا ، سرعان ما تومض كاشفة ما يدار في عوالمنا الافتراضية .. فأجد في فلاح اكثر من شخصه .. نعم ربما هو فلاح ذلك الوديع الهادئ .. رغم ذلك بإمكانه ان يكون شخصا آخر غضوبا الى جانبه . ذلك التناقض الديالكتيك لا يعرف عمق غوره الا الأنبياء ! اذن هل نخرج بحقيقة ان الشاعر يتناوب مع " سيرينته" من على غابات كرومه وصهبائه ...؟

نطمح حقا الى قراءات عميقة مثل هذه .. ولن افصح عن امور أخرى تحفز في الناقد البحث عن سر الوان الفستان الربيعي للهدهد ...

انعام الصديقة الجميلة .. اسعدت صباحا وانا احييك من مسائي المحاذي للشمس الغاربة ، الشاردة كتلك الغزالة اللائذة بالست الزبيدة في حديقتها - الشجرة - الوارفة - الظلال .. وحمامها التركي - البغدادي ...

رد على تعليق 11- حرير و ذهب (إنعام)

تحية مجددة للأديب اللماح صباح محسن جاسم

وكل الشكر لعودتك في الجزء الثاني من تعليقك وفيه تضيف من عمق نظرتك بعداً آخر للنصوص والقراءات والتحليلات النقدية التي جاءت في الحوارية النقدية هذه .. ولا أضيف على ماجاء في تعليقك إلا أن أتمنى او

امل في قراءات مشابهة كما تمنيت لتضيف أبعاداً أخرى قصرت عنها قراءتي هذه ، وأترك ذلك لذوي النظرة الثاقبة في الرؤية النقدية.

ولنا في بغداد حضارة ستعود وتسود مادامت فيها رؤى تبحث فيما وراء المنظور بالعين المجردة..

تحياتي.. ودمت للأدب الجميل؛

....

حرير و ذهب (إنعام)

الولايات المتحدة

تعليق 12 - فاطمة الزهراء بولعراس

أ. انعام الهاشمي(حريروذهب)

أبهرت بهذه المتابعة الحوارية سيدتي وأنا مستعدة لإعادة قراءتها مرات ومرات وفي كل مرة أجد فيها الجديد سواء في الفكرة أو الطرح أو الاسلوب أو الجدية ..

حوار عميق غاص في عمق اللغة والأدب والكتابة واستخرج دررا أخرى تزيدنا متعة وفائدة ..

سيدتي الكريمة

شكرا ومزيدا من أفكارك النيرة وتقبلي إعجابي بحواريتك وضيفك فلاح الشابندر المبدع الكبير.

مزيدا من الإبداع ومزيدا من استضافة المبدعين وشكرا مرة أخرى

احترامي لكما .

رد على تعليق 12 - حرير و ذهب (إنعام)

الأديبة الشاعرة فاطمة بولعراس

تحية ألقة لحضورك

اشكر مرورك وقراءتك الجميلة والعمق فيها ... وتكرار القراءة ... وهذا ما أتمناه ان يكون هناك القارئ الذي يصل الحرف الأخير في النص ويطلب المزيد بإعادة القراءة ...

تحياتي لك ولأدبك الراقي ...

....

حرير و ذهب (إنعام)

الولايات المتحدة

تعليق 13 - اروى الشريف

استاذتي الاديبة الراقية والناقدة القديرة أ د. انعام الهاشمي

اشيد بقدرتك على تتبع اطياف دلالات نصية في غاية الدقة وهي مهمة صعبة قد فتحت للقارئ سبلا للتاويل بما يناسب مفاهيم نقدية حديثة, حيث اتضح للقارئ ان نصوص الشاعر القدير فلاح الشابندر تشبه مرايا روحية تتلون بلون "ماء السماء ".فالنص المهم والمائز الذي كان بمثابة مفتاح سري وسحري ولجنا من خلاله الى عوالم مستترة وماورائية الشاعر بفضل نظرتك النقدية المبهرة وترصد اشارات ورموز متشاكلة ,مستعصية الفهم في اماكن عدة في تلك النصوص الشعرية.

تقديري العالي ومحبتي .

كل التقدير لأجوبة الشاعر القدير فلاح الشابندر الذي سمح للقارئ المهتم الدخول الى عوالم نصوصه العميقة.

رد على تعليق 13- حرير و ذهب (إنعام)

الأديبة الشاعرة أروى الشريف

تحية ألقة لجمال حضورك

أشكر قراءتك العميقة لما جاء في هذه الحوارية النقدية او النقد الحواري وانتباهك الى ما فيه من جهد... وما جاء فيه من اسلوب الحوار والنقد انما هو احتجاج على النقد بوضعه الحالي والذي بقي يراوح بين الكلاسيكية من ناحية ورولان بارث في فكرة موت المؤلف من الناحية الأخرى ويدور بجمود في فلك النظريات النقدية بدلاً من ان يكون اساساً لنظريات جديدة ... فالحقائق العلمية لا تتبع النظريات وإنما تقوم بكيانها المستقل والنظريات تأتي لتفسيرها في حين نجد النقد تابعاً للنظريات النقدية لا قائداً لها.

أملي ان تكوني قد استطعت قراءة الجزء الأول فما زلت انا وغيري الكثيرون لا نستطيع الوصول اليه ... والجزء الأول فيه الكثير والكثير... وختاماً ، أتمنى ان ينظر النقاد الى الحاجة لتغيير مسار النقد والخروج به من جمودو عجزه عن اللحاق بركب التطور في الشعر واجناس الأدب الأخرى لمواكبة التطور الحضاري...

تحياتي لك ولأدبك الجميل... دمت بازدهار؛

....

حرير و ذهب (إنعام)

الولايات المتحدة

ترجمات للإنجليزية من شعر فلاح الشابندر

1. سماء من ماء

2. امرأة من ندى

أ. د. إنعام الهاشمي
أنا وفلاح الشابندر – متابعة حوارية:: الطبعة الثانية

ترجمة قصيدة (سماء من ماء) للشاعر فلاح الشابندر

A Sky of Water

ترجمة: أ. د. إنعام الهاشمي (حرير و ذهب)

توطئة: ماجذب انتباهي إلى هذا النص الرمزية الأسطورية فيه، ففلاح الشابندر كما لاحظتُ بدأ في هذا النص سلسلةً من الفهارس؛ من فهرس الطير إلى "فهرس الشاعر" في نص أخر يحمل هذا العنوان، وكأن الفهارس هي ملحمة أسطورية بين الطير والبحر ..يبدأها هنا بالطير المحلق فوقهم كالقدر، يتبعهم في حلكة ليلهم وتأهبهم لرؤية مايخرج من مأواه في تعلقهم بالمفاجئ ولكنه يتأخر ثم يظهر هناك مرة أخرى يصفق بجناحه ويحط علي شراع مركبهم ..فيتبين لهم أنه صاحبهم الشاعر! فلا غرو أنَّ بِذارَه الكلمات!

A Sky of Water

Arabic Poem By: Falah Al-Shabender

Translated By

Inaam Al-Hashimi (Gold_N_Silk)

====================================

A sky of water

Doesn't blaze in a glance;

It follows us, as we head towards it,

Fraying its essence

And transcending in its mysteries

Emptiness, Mooing, and dizziness swallow us

Undigested.

Here our faces are prayers

The horizon is a hearth of died out ashes

No effort is needed

For faith in the supreme;

A phoenix

From the far away echo

Drops a shadow painting a sign,

The road leads to...

Only if I had a seeder

أ. د. إنعام الهاشمي
أنا وفلاح الشابندر – متابعة حوارية:: الطبعة الثانية

For this bird hovering above us,

And if I hoped for any good from it!

But, No;

It is there by chance!

If I set up a trap for it,

I would capture it

But, no

Not this... and not that!

We have defined its sky,

And I have the seeds for it;

-What are your seeds?

-Words, Sir!

-I don't think it reads;

-But it could hear!

In the floating cave, their fourth was the bird,

Landed on the threshold

Only if this bird would write us on land,

To be our witness!

Of wood, they carved a ladder,

And climbed the index of birds;

Their muezzin called: The night is nibbling at the day,

Digging its valley,

Pouring in seepage of the last farewell

81

In the naked night,

We become more than what we are...!

And what hangs us to the sudden in the darkness,

We wait to see what comes out of its abode

Because this hour,

Is the hour of mere animal!

It senses our nakedness,

Chills with patience

Floating creeps in..

A floating drum

Over a sky of water

The voice creeps...

Somber chant:

The opposite triumphed..........

The opposite is defeated

Falling rain.......... Rising smoke

Breathing and exhaling

The opposite triumphed..........

The opposite is defeated,

And the foam exhales

Paper of disgraced thoughts;

The waves giggle;

We retreat, swinging with bias,

أ. د. إنعام الهاشمي
أنا وفلاح الشابندر – متابعة حوارية:: الطبعة الثانية

Turn around, and revolve around "the intoxicated boat;"

We retreat,

Our backs meet,

And we join

The tough waits for the tough

"To be or not to be".. That is the guffaw!

Oh, sovereign power of the sea!

We are sand

The bird is belated

And we are picked up by dust.

*****

Translated/ February 2010

Inaam Al-Hashimi (Gold_N_Silk)

USA

أ. د. إنعام الهاشمي
أنا وفلاح الشابندر – متابعة حوارية : الطبعة الثانية

القصيدة الأصلية: سماء من ماء*

فلاح الشابندر

لا تستعر بالتفاتة

يتبعنا .. ماضون إليه

ينسلُ ذاته

يتسامى بخباياه

خواء .. خوار .. ودوار يبلعنا بلا هضم

وجوهنا ابتهال

الأفق موقد رماد منطفئ

لاجهد هنا للإيمان بالمطلق

فينيق .... من الرجع البعيد

يسقط الظل يرسم علامة .... طريق يؤدي

لو عندي بذارة لهذا الطير الحائم فوقنا ؟

وأتطلع منه خيرا ....!

لا ....إنما وجوده صدفة !

وإذا ما نصبت له فخا

أكون قد صدته

لا ... لاهذا ولاذاك !

إننا حددنا سماءه .... ؟

وعندي بذاره

وما هي بذارك ؟

الكلمات ياسيدي ....!

لا أظنه .... يقرأ

لكنه يسمع

في الكهف العائم رابعهم الطير

حط بالوصيد

لو أن هذا الطير يكتبنا على اليابسة ؟

شاهد علينا.

نجروا سلما

ليطلعوا فهرس الطير

صاح مؤذنهم: إن الليل يقرض النـــــــــــــهار

يحفر واديه

يهيل فيه نضح الوداعات الأخيرة

في الليل العاري .... نكون أكثر منا..!

وإن ما يعلقنا بالمفاجئ في هذه العتمة

ننتظر ما يخرج من مأواه

لأن هذه الساعة

ساعة حيوان محض !

يلمس .... عرينا

\

85

قشعريرة باصطبار

يدب الطواف .. طبل عائم

فوق سماء من ماء

يدب الصوت نشيدا غليظا

انتصر الضد .... انهزم الضد

مطر نازل .... دخان صاعد

يتنفس ويزفر

انتصر الضد .... انهزم الضد

ويزفر الزبد

أوراق فكر مهان

يكركر الموج .... نتقهقر .... نتأرجح انحيازا

يدور حوله .... حوله يدور (المركب السكران)

نتقهقر .. ظهرانينا التقيا .... التصقا

صلب ينتظر صلبا

(نكون أو لانكون) .... تلك هي القهقهة !

ياملكوت البحر إنا تراب

وتأخر الطير

يلتقطنا غبار

***

فلاح الشابندر

*نشرت القصيدة ايضا تحت عنوان "فهرس الطير" The Bird Index

ترجمة قصيدة (امرأة من ندى) للشاعر فلاح الشابندر

A Woman Made of Dew

ترجمة: أ. د. إنعام الهاشمي (حرير و ذهب)

توطئة: عُرِفَت قصائدُ الشاعرِ فلاح الشابندر بالرمزيَّةِ العاليةِ التي يصعبُ فكُّ رموزِها على الكثيرِ من القرّاء ، وما جذبني إلى ترجمةِ أوّل قصيدةٍ ترجمتُها له والتي كانت بعنوان "سماء من ماء" رمزيَّتها الأسطوريّة التي ترتبطُ بنصوصٍ أخرى على نفسِ المِنوال ... وترجمةُ مثلِ هذه القصائدِ تضعُ المترجِمَ في امتحانٍ عسيرٍ في المفاضلةِ بين الدِقَّةِ في نقلِ معانِي القصيدة وبينَ الانسيابيَّةِ في إيقاعِ الكلماتِ الانجليزيَّة والجملِ المرتبطةِ بها. ومن عادَتِي حينَ الترجمةِ أن اتركَ ما ترجمتُه في ما أسميته "البستوگة" وبعد أن أنساها أعودُ لقراءتِها بعينِ الناقِدِ المتذوِّقِ حتى يحينَ وقتُ نشرِها. و"البستوگة" حافلةٌ بعددٍ غير قليلٍ من الترجماتِ لعددٍ من الشعراء، وقد كانَ من نصيبِ هذه القصيدةِ أن تخرجَ إلى النورِ اليوم.

القصيدةُ هذه "امرأة من ندى"، اصطَدتُها حينَ نُشرت في "النور" قبل سنتين وترجمتُها آنذاك، ثم رأيتُها مجدَّداً في ديوانِه "فحم وطباشير"... وهي تختلفُ كليّاً في موضوعِها وأسلوبِها عن كتاباتِ فلاح الشابندر الأخرى ، فرغمَ أنَّها لا تخلو من الرمزيَّةِ والاستعاراتِ المبهمةِ إلاّ أنَّها تحتوي على الكثيرِ من الوضوحِ في الكثيرِ من مقاطِعِها، كما أنَّها تختلِفُ في الموضوعِ عمّا عداها من قصائدِهِ في وجدانِيَّتها والمشاعرِ التي أطلقَ لها الشاعرُ العنانَ بين حروفِها؛ وكما يشي العنوانُ به منذُ البداية فهي تتحدَّثُ عن علاقةٍ معيَّنَةٍ

بامرأة ... ففي حين أنَّ قصائدَهُ الأخرى تنطوي على وَجَعٍ يخصُّ الوطنَ أو الإنسانيةَ بصورَةٍ عامَةٍ أو فلسفةٍ مُضمَرة، نجدهُ في هذهِ يغرَقُ في العاطِفةِ الحسيَّةِ من أولِ افتِتاحِها ثمَّ يتصاعَدُ بها حتى النهاية. في القصيدةِ من حرارةِ المشاعِرِ ما يوحِي بصدقِ التجربةِ، والشاعرُ الماهرُ هو الذي يجعلُ قارئهُ يتعايَشُ مع القصيدةِ ويصدِّقُ وقائِعَها كحقيقَةٍ وإن كانت محضَ خيال... بعضُ الشعراءِ يدسونَ أسماءَ في قصائِدهم ، وأحياناً دونَ مناسبةٍ ودون توافقٍ مع مجرى القصيدةِ وثيمتها ، بغرضِ الإيحاءِ أنَّها كُتِبَت لشخصٍ معيَّنٍ أو بقصدِ التقرُّبِ لإنسانٍ معيَّنٍ، فهل فعلَ الشاعرُ فلاح الشابندر هذا؟ وهل "ندى " هو اسمٌ لامرأة أم وصفٌ؟ هل تحكي القصيدةُ تجربةً صادِقة؟ أم أنَّه بمهارةِ الشاعِرِ أرسلَنا في طريقِ تصديقِه؟ في كلِّ الأحوالِ أقولُ أنَّ حرارةَ المشاعِرِ وتدفُّقَها توحيان بذلك إضافة إلى خلوِّ القصيدة من التصنُّعِ الكلامي المحشورِ حشراً لبهرجةِ القصيدة، وأنا أوشكتُ أن أصدِّق وجودَ هذه المرأةِ "الندى" التي فجَّرت الماءَ من عينِ الصخرةِ بقوَّةِ التوتُّرِ في قلبِ الشاعر!

شكراً للشاعر الشابندر لسماحِهِ لي بنشرِ القصيدةِ وترجمتِها...

A Woman Made of Dew

Arabic Poem By: Falah Al-Shabender

Translated into English By

Inaam Al-Hashimi (Gold_N_Silk)

========================

From the vastness of my heart,

My thought, the embers of my blood,

And the child in me,

That is a child bigger than me,

Comes love,

As pastoral personas gather with the wind and rain.

O you! The good spontaneous one,

From here is the passage

A floating feather is the twilight

Opening windows of light

For doves

Driven to the uttermost flight

And from the arrogance of wishful thinking

Stems a big,

Very big,

Dream!

أ. د. إنعام الهاشمي

أنا وفلاح الشابندر – متابعة حوارية : الطبعة الثانية

O my paper kite!

O the good spontaneous one!

From here is the passage.

Water, in any tension within a hard rock,

Is a being that aspires for a free herb

Weep, In order to be!

From here is the passage.

She is a woman made of dew,

Trickling into silence as dew,

Light seeping through a drop of dew,

A clear sky pouring dew,

She is that too!

But my thirst is

A couple of lips

Or closer to the dew!

From here is the passage,

O moment of fragrance!

Like a little bird

The twilight slips away

 And I get bewildered...

She passes through me!

Her shirt tackles the wind intimately

The most delectable thing in it

أ. د. إنعام الهاشمي
أنا وفلاح الشابندر — متابعة حوارية:: الطبعة الثانية

Is...

The secret of it.

The fruit suspended in it,

And we picked it, a rendezvous!

The words would sweat

Only if they could be the open arms

To gather her shyness;

Oh, how I desire your shyness!

As she fidgeted, hiding inside her ring...

A circle within a circle...

She portrayed her hand a cup

She saw what she saw, and thus yielded.

In ecstasy, I close my eyes,

Your face is my first surprise.

O my dream of the first time!

My lady

Forgive my delusion, my insanity, and this haughtiness.

Your eyes are the impossible

I love you all that should be,

And despite all of that could be.

Like the Sun,

And like freedom

I turn, and she turns.

أ. د. إنعام الهاشمي
أنا وفلاح الشابندر ــ متابعة حوارية : الطبعة الثانية

Tightened to break loose,

I breathe her,

Seek the silk of her nakedness,

And overly indulge in kissing

She knows this is my triumph,

A gap she realizes, as an enduring wound,

Seeking the calm of goodness in my touch.

.

I turn and she turns,

Wrapped in my haze,

The wretch's fair maiden

Sighs on my bosom and whispers softly

! Oh, how horribly beautiful is my prince;

Grant me hunger

And all the Love!

Translated on: February 21, 2010

Revised: July 4, 2012

By Inaam Al-Hashimi

USA

القصيدة الأصلية : امرأة من ندى*

فلاح الشابندر

_____

من وسع

قلبي ... فكرتي ... جمرة دمي ... وبعضي الطفل

طفلٌ أكبر مني............. الحب

السجايا رعوية تلتقي الريح والمطر

أيتها التلقائية الخيرة من هنا الممر

خيوط الفجر ريشة عائمة

تفتح نوافذ ضوء لحمامات مساقة إلى المطلق

ومن غرور التمني حلم كبير ... كبير جدا

طائرتي الورقية

أيتها التلقائية الخيرة من هنا الممر ..

الماء...

أي توتر في جوف الصخرة الصلبة

كون يرسم لنفسه عشبة حرة

إنتحب ...... تكنْ

من هنا الممر ..

امرأة من ندى تتقاطر على الصمت ندى ورشح الضوء في قطرة ندى

صحو يمطر ندى

أ. د. إنعام الهاشمي
أنا وفلاح الشابندر – متابعة حوارية : الطبعة الثانية

لكن العطش قاب شفتين أو أدنى من الندى

من هنا الممر

لحظة العطر .... عصفور ينفلت خيط السحر .... وأتيه

تمرق من بيني

وبمودة يشاكس قميصها الريح

أشهى ما فيه .. سر فيه، نهد فيه، ثمرة مدلاة، وقطفناه لقاء

وتتعرق الكلمات لو تصير الأحضان

وهي تلملم حياءها

كم أشتهي حياءكِ

حين تململت، في خاتمها اختبأت ...

دائرة داخل دائرة

وصَّورت كفها قدحا

رأت ما رأت وامتثلت

منتشيا أغمضتُ عيني

والدهشة الأولى وجهك

ياحلم أول مرة

سيدتي .. سامحي خرافي، جنوني، وهذا التباهي

عيناك المستحيل

أحبك بكل ما ينبغي وعلى الرغم

كالشمس

كالحرية

أدور، وتدور .. مشدودة للانفلات

وأتنفسها

أتلمس حرير عريها

أغالي بالتقبيل

هي تعلم هذا انتصاري

وهوة تدركها جرحا صبورا يستسقي من أناملي هدأة طيبة

أدور، وتدور، وتلتف بضبابي جارية الصعلوك

تتنهد على صدري

تشاورني همسا

كم قبيح جميل أميري

هب لي الجوع

كل الحب

----

* نشرت في النور في فبراير 2010 وظهرت في ديوان الشاعر فلاح الشابندر "فحم وطباشير" الصادر سنة 2011

ترجمتها للانجليزية:

حرير و ذهب (إنعام)

الولايات المتحدة

النهاية

أ. د. إنعام الهاشمي

أنا وفلاح الشابندر – متابعة حوارية : الطبعة الثانية

الفهرست

الهوامش

[1] أ د. إنعام الهاشمي/ ترجمة قصيدة (سماء من ماء) للشاعر فلاح الشابندر/ مركز النور/ http://www.alnoor.se/article.asp?id=80084/(2010-6- 8)

[2] أ. د. إنعام الهاشمي / ترجمة قصيدة (إمرأة من ندى) للشاعر فلاح الشابندر/ مركز النور http://www.alnoor.se/article.asp?id=159735/ / (2012-7-5)

[3] صباح محسن جاسم : " اشراقة الرغيف من على (فحم وطباشير) - فلاح الشابندر-" /مركز النور/ http://www.alnoor.se/article.asp?id=127333 /(18/09/2011)

[4] أحمد فاضل: "الشاعر العراقي فلاح الشابندر وديوانه (فحم ... وطباشير)" / 29-1-2013/ http://www.alnoor.se/article.asp?id=187327

[5] فلاح الشابندر"الشارد ... خيط" / مركز النور(6-7-2013)/ http://alnoor.se/article.asp?id=207245

[6] فائز الحداد: "جدل أول .. نص الشاعر المائز فلاح الشابندر"/جريدة البعد الرابع/العدد 155/17-7-2013/العراق

[7] محمد الرشيد :" قراءة في كتاب شعري .. فحم وطباشير .. السؤال المحير ما بين اللقطة الشعرية والمشهد السينمائية" / محمد الرشيد/المثقف/:(العدد :1967 الأحد 11 / 12 / 2011) http://almothaqaf.com/index.php/araaa/57971.html

[8] فلاح الشابندر: "منارة الحلم /مركز النور (21-2-2013) / http://www.alnoor.se/article.asp?id=190384 وتضمنه ديوانه الثاني "سطر الشارع" /2012أصدارات المثقف ودار العارف/ /

[9] عبد الستار نور علي / غضب / مركز النور(18-8-2013) / http://www.alnoor.se/article.asp?id=212904

[10] فلاح الشابندر/ بيان هام/ صحيفة المثقف / (العدد: 2538 السبت 17 - 08 - 2013م) / http://almothaqaf.com/index.php/nesos/77888.html/ وتضمنه ديوانه الثاني "سطر الشارع" /2012أصدارات المثقف ودار العارف/ /

[11] فلاح الشابندر "أزيز" / مركزالنور (2012/6/6) / http://www.alnoor.se/article.asp?id=155959

[12] أسعد البصري/الماء الذي في فمي/ رد على تعليق / مركز النور (2012/7/19) / http://alnoor.se/article.asp?id=161444

[13] فلاح الشابندر / قف / مركز النور/ كما وتضمنه ديوانه الثاني "سطر الشارع" /2012أصدارات المثقف ودار العارف/ /

[14] فلاح الشابندر "مسرح المرايا" /مركز النور / 2010/10/15 / http://www.alnoor.se/article.asp?id=93635

[15] فلاح الشابندر "ثقب بالاستعارة" / مركز النور / 10/11/2012 / http://www.alnoor.se/article.asp?id=176666 وتضمنه ديوانه الثاني "سطر الشارع" /2012أصدارات المثقف ودار العارف/

الكتاب: أنا وفلاح الشابندر: متابعة حوارية
نصوص وتعليقات وردود وسؤالات
المؤلف: أ. د. إنعام الهاشمي
الطبعة: الثانية 2015 – أسود وأبيض
الغلاف / تصميم المؤلف
نشر وطبع في الولايات المتحدة الأمريكية
Published in the USA

Inaam Al-Hashimi

Second Edition
ISBN-13: 978-0692364659 (Inaam\Al-Hashimi)
ISBN-10: 069236465X

Author: Inaam Al-Hashimi
Title: Falah Al-Shabender and I:
A Follow up Dialogue: Text, Comments, Responses and Questions
Second edition – Black and White

Falah Al-Shabender and I
A Follow up Dialogue

Texts, Comments, Responses and Questions